다루기힘든
혀와의
싸움에서
승리하기

험담을
멈추라
Resisting Gossip

매튜 C. 미첼 지음
이 정 훈 옮김

기독교문서선교회

기독교문서선교회(Christian Literature Center: 약칭 CLC)는 1941년 영국 콜체스터에서 켄 아담스에 의해 시작되었으며 국제 본부는 미국의 필라델피아에 있습니다.

국제 CLC는 59개 나라에서 180개의 본부를 두고, 약 650여 명의 선교사들이 이동도서차량 40대를 이용하여 문서 보급에 힘쓰고 있으며 이메일 주문을 통해 130여 국으로 책을 공급하고 있습니다.

한국 CLC는 청교도적 복음주의 신학과 신앙서적을 출판하는 문서선교 기관으로서, 한 영혼이라도 구원되길 소망하면서 주님이 오시는 그날까지 최선을 다할 것입니다.

Resisting Gossip
: Winning the War of the Wagging Tongue

Written by
Matthew C. Mitchell

Translated by
Jung-Hoon Lee

Copyright © 2013 by CLC Publications
Originally published in English under the title as
Resisting Gossip
by CLC Publications
Translated and used by the permission of
CLC Publications
P.O. Box 1449, Fort Washington, PA 19034, U.S.A.
CLC International (UK)
51 The Dean. Alresford, Hampshire, SO24 9BJ, UK

All rights reserved.

Korean Edition
Copyright ⓒ 2017 by Christian Literature Center
Seoul, Korea

추천사

조셉 M. 스토웰 (Joseph M. Stowell) 박사
Cornerstone University 총장

매튜는 영혼을 다루는 의사로서의 명쾌함과 정확성으로 상처와 비방의 말을 뿜어내는 암(癌)적인 병 깊숙이 뚫고 들어간다. 독자들은 혀를 제어하는 법을 배울 수 있을 뿐 아니라, 이 책은 또한 하나님께 영광이 되도록 사람들을 돕고 치유하는 데 언어를 사용하는 즐거운 훈련을 위한 방향 지시 도구가 될 것이다. 이 책에 나온 원칙들을 실천하라. 그리하면 당신, 당신의 가족과 친구와 동료들은 훨씬 더 나은 삶을 살게 될 것이다.

◆ ◆ ◆

켄 산데 (Ken Sande)
Relational Wisdom 360 대표

험담은 매일의 관계에서 수없는 화재를 내는 불꽃이다. 매튜는 신자들이 그들의 혀를 그리스도의 주 되심 아래로 가져올 때, 결코 방심할 수 없는 이 문제를 해결해갈 수 있다는 것을 실제적이고 성경적인 가르침을 통해 보여준다.

에드워드 T. 웰치 (Edward T. Welch)
CCEF(Christian Counseling & Educational Foundation) 상담자/교수

당신은 반드시 이 책을 읽어야 한다. 농담이 아니다. 우리 '모두' 이 책을 읽어야 한다. 험담에 관해 성경이 무엇이라 말하는지 명확히 짚어주는 목회적이고도 실제적인 책을 우리 대부분이 읽어본 적이 없다는 것이 놀랍지 않은가? 이 책이 바로 그러한 책이다. 매튜는 매우 설득력 있는 방식으로 우리를 이 주제 안으로 인도한다. 확실히 나는 그에게 설득당했다. 그러나 매튜는 거기서 멈추지 않고, 우리가 다른 사람들에 대한 좋은 이야기들을 퍼뜨려 교회가 더 연합되고 하나님이 영광을 받으실 수 있도록 하는 많은 아이디어들을 제공한다.

◆ ◆ ◆ ◆ ◆

마이클 R. 에믈렛 (Michael R. Emlet)
CCEF(Christian Counseling & Educational Foundation) 상담자/교수

이 책 『험담을 멈추라』에서 관록 있는 목회자인 매튜 미첼은 교회 안에서 가장 무시되어왔지만 가장 파괴적인 죄 중의 하나를 능숙하게 다루어 준다. 미첼 박사는 지혜롭고 성경적인 접근을 통해, 누구도 예외가 될 수 없는 험담을 정의하고 이 문제의 원인과 해결책이 무엇인지 핵심을 제시한다. 성경적인 통찰, 실제적인 예, 그리고 그룹 토의를 위한 깊이 있는 질문들로 가득한 이 책은 우리가 서로에게, 또한 서로에 대해 이야기하는 방식을 변화시키고자 시도하는 매우 독특한 책이다. 당신이 험담의 가해자이든 피해자이든, 또는 불가피하게 둘 다이든 간에, 이 책을 통해 구체적인 도움과 그리스도를 중심에 둔 소망을 발견하게 될 것이다.

윈스턴 T. 스미스 (Winston T. Smith)
CCEF(Christian Counseling & Educational Foundation) 상담자/교수

험담은 극히 만연되어 있고 방심할 수 없는 문제인데도 험담의 파괴적인 힘에 대해 다루고 있는 자료들이 거의 없다. 매튜의 이 책은 험담 문제를 넓은 영향력을 가지고 다룰 매우 유용한 도구가 되리라 기대한다. 철저히 성경적이며, 많은 지혜를 담고 있고, 광범위하게 실제적이다. 또 하나의 중요한 점은 이 책이 설득력 있고 쉽게 읽을 수 있는 문체로 쓰였다는 것이다. 이 책을 적극적으로 추천한다.

◆ ◆ ◆ ◆

브루스 웨덜리 (Bruce Weatherly)
Safe Harbor Christian Counseling of Mid-Pennsylvania 대표

매튜 미첼의 책은 그저 학문적이거나 정보를 제공하는 데에만 치우친 것이 아니라 개인적이며 사랑으로 가득하다. 그의 꾸밈없고 진솔한 자기 공개가 감동적이다. 특히 험담과 판단에 관한 간결한 정의가 마음에 들었다. 매튜는 험담이 무엇보다도 마음의 문제임을 밝히지만, 고백, 회개, 은혜, 그리고 성령의 역사를 통한 변화가 일어나는 곳 역시 마음이라는 것을 보여준다. 이 책은 개인과 교회들이 험담의 죄를 명확히 하고, 진단하며, 치유하는 데 큰 도움이 될 것이다. 간결하고, 심오하기도 하며, 동시에 쉽게 읽을 수도 있는 책이다.

야니 오트룬드 (Jani Ortlund)
Renewal Ministries 강사

험담을 멈추는 것을 다룬 매튜 미첼의 이 책은 내게 큰 도움이 되었고, 그 시점 또한 완벽했다. 우리 아버지의 가슴으로부터 직접 나온 지혜롭고 경건한 그의 조언들에 대해 감사하고 싶다. 저자가 하고자 하는 말이 무엇인지 선명하게 들려오지만 그것이 나를 꾸짖어 무너지게 만들지 않는다. 그의 목소리는 내게 도전을 주고 권면하지만, 더 나은 내일을 위해 이 모든 일을 우리가 함께 감당하고 있다는 것을 보여준다.

◆ ◆ ◆ ◆ ◆

데니스 W. 웨즈워스 Jr. (Dennis W. Wadsworth Jr.)
Hope Evangelical Free Church 목사

『험담을 멈추라』의 근본적인 힘은 한 장(章)에만 있는 것이 아니다. 그 힘은 책 전체를 통해 흐르고 있다. 그 힘은 기쁜 소식, 즉 복음이다. 다시 말해, 어떤 사람을 '구원하는' 핵심 요점 세 개로 된 개요 같은 것이 아니라, 구속하고 칭의하며 속죄하고 거룩케 하는 복음의 힘이다. 험담 같은 주제를 다루는 많은 이들은 복음의 힘을 명시적으로 드러내지 않고 그저 모두 알고 있는 것처럼 간주해버리거나 복음 자체를 완전히 무시해버리곤 한다. 하지만 이 책은 그렇지 않다. 복음은 앞에 있고 한복판에 있으며 험담에 저항하는 삶을 살기 위한 방도를 제시하는 이 책의 전체에 적용되어 있다.

자로슬라브 엘리야스 (Jaroslav Elijas)
Christian Evangelistic Center 대표/Glozan Baptist Church 부목사

이 책에는 내가 공감할 수 있는 실제 예들이 많이 담겨있다.

왜 그 예들이 마음을 끄는 것일까?

솔직히 말하자면, 우리 모두 재미있는 이야기들을 좋아하기 때문이다. 그 예들을 읽으며 독자들은 몰입하게 되고, 험담이라는 주제를 성경적으로 다루고 가르치는 이 책으로 인해 독자들은 험담의 영적 결과들을 대면하게 된다. 참조 자료와 실제적 조언들은 독자들이 오해할 여지를 확실히 줄여줄 뿐 아니라, 그것들을 통해 독자들은 자신이 내려야 할 최종 결단은 하나님과 사람 앞에서 내리는 마음의 결단이 되어야 한다는 사실을 깨닫게 된다.

◆ ◆ ◆

댄 레드포드 (Dan Ledford)
Westminster Presbyterian Church in America 목사

이 책은 험담의 핵심적인 문제점을 드러내고 그 문제점 자체에 대해 논하는 것, 그리고 그 문제점에 대해 복음이 제시하는 대답을 드러내고 그것에 대해서 논하는 것 사이에서 놀라운 균형을 유지한다. 이 책은 잘 알려진 여러 성경 본문들을 험담이라는 주제에 적용하는데, 이전에는 이렇게 접근하는 책들을 본 적이 없었다. 또한 내가 잘 알지 못하는 본문들 역시 그것들이 험담에 대해 적용되자 더욱 생생하게 다가왔다. 나는 이미 이 책을 추천하고 있으며, 이 책에서 인용도 하고 있다.

매트 콕스 (Matt Cox)
Miracle Mountain Ranch Missions Inc. 대표

미첼 박사는 우리의 형제로서 우리가 험담이라는 주제를 더 잘 이해할 수 있도록 돕기 위해 우리와 함께 그리스도 안에서 걸어갈 뿐 아니라, 우리의 마음을 변화시킴으로 우리가 그 죄를 다룰 수 있도록 주도적이고, 성경적이며, 실천 가능한 계획들을 제시해 준다. 그리스도의 제자가 되고자 훈련받는 우리들에게 더할 나위 없이 훌륭한 자료이다.

✦ ✦ ✦ ✦

제프 파월 (Jeff Powell)
EFCA(Evangelical Free Church of America) Allegheny 교구 감독

이 책을 아주 재미있게 읽었고 험담에 대한 매튜의 성경적인 접근에 많은 도전을 받았다. 나는 미국 복음주의자유교회(EFCA) 교단의 교구 감독으로 섬기면서 교회 안에서 숱한 험담의 예들을 경험한다. 매튜의 이 작업물이 개인뿐 아니라 그룹들에게 험담을 성경적으로 다루는 방법을 배울 수 있는 기회를 제공할 것임을 믿어 의심치 않는다. 나는 각 장의 끝에 나오는 질문들이 특히 좋았는데, 그 질문들 때문에 소그룹 모임에서 이 책을 사용해도 좋을 것이라 믿는다. 험담이라는 주제는 오늘날의 교회 안에서 반드시 다루어져야 할 주제이다.

크리스 브라운스 (Chris Brauns)
The Congregational Christian Church 목사

놀라운 책이다. 달콤하며 사람의 마음을 끄는 전달력이 있다. 겸손하게, 또한 성경적으로 풀어낸 '아로새긴 은 쟁반에 금 사과'이다. 지역 교회에서 이 책이 널리 사용되기만을 바랄 뿐이다. 좋은 내용이고, 꼭 필요한 내용이다.

✦ ✦ ✦ ✦ ✦

팀 매킨토시 (Tim McIntosh)
Evangelical Seminary 일반과정 디렉터

험담에 관한 이런 책은 꼭 필요하다. 이 책은 개인의 삶에서 뿐 아니라 교회 안에서의 문제에 대한 대답이다. 나는 이 책을 모든 그리스도인들에게 추천하고 싶고, 특히 목회자들에게 그리 하고 싶다. 이 주제를 다룬 책은 많지 않다.

감사의 글

에드워드 T. 웰치 박사
기독교상담과 교육재단(CCEF) 교수

저는 많은 복을 받은 사람입니다. 그래서 감사합니다.

먼저 제 가족으로 인해 감사합니다. "당신은 이 프로젝트를 끝낼 수 있어요. 끝내야 하구요, 끝낼 수 있을 거예요!" 그렇게 말해줘서 고마워요, 헤더 조이. 로빈(Robin), 앤드류(Andrew), 피터(Peter), 그리고 이삭(Isaac), 저녁 식사 때마다 험담에 대해 강의를 늘어놓던 아빠 이야기를 잘 들어줘서 고맙구나. 너희들은 험담에 저항하는 것에 대해 다른 어떤 아이들보다도 많이 알고 있단다. 아버지, 어머니, 제가 아무리 괴상한 생각을 해내더라도 언제나 격려해 주셨던 것, 그리고 험담에 대한 책을 쓰겠다던 이 생각도 격려해주신 것 감사드립니다. "프로젝트는 어떻게 되어가고 있어요?"라고 물어주고, 또 진심으로 제 대답을 듣기 원하던 양가 친척 분들께도 감사합니다.

랜스 복음주의 자유교회로 인해 감사합니다. 장로님들, 제가 안식년을 보내지 않는 것이 좋겠다고 말씀해 주셔서 감사합니다. 안식년은 책 집필

주간만큼 좋지는 않았을 것 같습니다. 한 지역 교회에게 필요한 것보다 훨씬 더 많이 험담에 관한 설교를 들어 준 랜스 복음주의 자유교회 성도 여러분께도 감사드립니다. 이 프로젝트를 위해 계속 기도해 준 목회 기도 팀에게도 감사드립니다. 제가 이 일에 너무 빠져 있을 때에도 사무실이 잘 유지되도록 해 준 스테이시 피쉬(Stacey Fisch), 할리 크럼린(Holly Crumrine), 그리고 매릴린 크리스토피츠(Marilyin Kristofits)에게 감사드립니다.

처음부터, 이 책을 쓸 때에는 "긍정적인 태도를 유지"하고 매 장마다 독자들에게 희망을 주도록 하라고 조언해 준 네스타 케파트르(Nesta Kephart)에게 감사합니다. 당신의 조언이 이 프로젝트의 전체적인 방향을 설정해주었어요. 가장 적합한 때에 특별한 헌금을 해 준 레이철 콘퍼(Rachel Confer)에게 감사드립니다.

저희 교단인 미국 복음주의자유교회(EFCA, Evangelical Free Church of America)에도 감사드립니다. 이 과정 내내 저를 지지해 준 "슈퍼 제프" 파월(Super Jeff Powell)과 앨러게니(Allegheny) 지역 목회자 분들께 감사드립니다. 「EFCA투데이」(*EFCA Today*) 잡지에 기고할 기회를 많이 주어 글을 쓴다는 것이 무엇인지 배울 수 있게 해 준 다이앤 맥도걸(Diane McDougall)에게 감사드립니다. 저를 기독교상담과 교육재단(CCEF-Christian Counseling & Educational Foundation)과 연결해준 로버트 존스(Robert Jones)에게 감사드립니다.

CCEF와 웨스트민스터신학교(WTS-Westminster Theological Seminary)의 직원 및 교수님들께 감사드립니다. 제가 교회 지도자들뿐만 아니라 일반적인 그리스도인들을 위해서도 책을 쓴다는 것을 추천해 주고 "저도 이 책을 읽고 싶다"라고 말해 준 에드 웰치(Ed Welch)에게 감사드립니다.

CCEF 학생들에게 뛰어난 상담 교육을 제공해주는 윈스턴 스미스

(Winston Smith), 마이크 에믈릿(Mike Emlet), 데이빗 폴리슨(David Powlison), 그리고 팀 레인(Tim Lane)에게 감사드립니다. 당신들과 함께 처음부터 다시 한 번 공부해보고 싶습니다.

이 책이 정말 출판될 수 있도록 많은 도움을 주신 분들에게 감사합니다. 출판 제안서 작성에 도움을 주고 출판사와 연결해 준 수지(Aunt Susie), 에밀리 체이스(Emily Chase), 크리스 브라운스(Chris Brauns), 그리고 게리 프리젠(Gary Friesen)에게 감사드립니다. 제 장황한 블로그를 좀더 볼 만한 곳으로 만들어 준 로렐 에릭슨(Laurel Eriksen), 네이트 웨덜리(Nate Weatherly), 다니 로지(Donnie Rosie), 그리고 쉔리 필그램(Schenley Pilgram)에게 감사드립니다.

에이전트 소개에 일등공신이었던 게리 포스터(Gary Foster)에게 감사합니다. 초보 저자에게 기회를 준 미국 CLC Ministries에게, 특히 데이브 알막(Dave Almack) 대표에게 감사합니다. 저의 안달복달을 참아주고 원고가 발전할 수 있도록 도와 준 트레이시 루이스-기겟츠(Tracey Lewis-Giggetts)에게 감사드립니다.

원고를 읽고 소중한 의견을 말해준 나의 "비판적인 독자"들께 감사드립니다. 크리스 브라운스(Chris Brauns), 킴 컨(Kim Cone), 자로슬라프와 나탈리아 엘리야스(Jaroslav and Natalija Elijas) 부부, 스테이시 피쉬(Stacey Fisch), 레이첼 조이(Rachel Joy), 마크 라우터바흐(Mark Lauterbach), 댄과 젠 레드포드(Dan and Jen Ledford) 부부, 다이앤 맥도걸(Diane McDougall), 팀 매킨토시(Tim McIntosh), 나타샤 밀러(Natasha Miller), 엘리자베스 넬슨(Elizabeth Nelson), 야니 오툴랜드(Jani Ortlund), 제니퍼 페토스키(Jennifer Petoske), 마티 숀레버(Marty Schoenleber), 수잔 스털링스(Susan Stallings) (그리고 당신의 기니 피그들), 데니스 워스워스(Dennis Wadsworth),

브루스와 도나 웨덜리(Bruce and Donna Weatherly) 부부 그리고 킵 윌슨(Kipp Wilson)에게 감사드립니다.

클라렌스(Clarence)가 죠지 베일리(George Bailey)에게 친구가 있다면 실패한 인생이 아니라고 했던 것은 정말 맞는 말이었습니다(1946년 미국 영화 It's a Wonderful Life의 한 장면-역주).

저를 믿고 자신들의 이야기를 들려 준 "리넷"(Lynette)과 다른 많은 이들, 특히 자신이 험담을 했다는 사실을 시인했던 분들께 감사드립니다. 여러분들의 용기 있는 행동으로 인해 많은 이들이 도움을 얻을 것입니다.

저의 왕이요 구원자이신 주 예수 그리스도께 감사드립니다. 주님과 아버지 하나님께서 모든 영광을 받으시길!

역자 서문

이 정 훈 목사
캐나다 McMaster 신학부(Ph. D. Cand.)

"유령 하나가 유럽을 배회하고 있다. 공산주의라는 유령이." 1848년에 출판된 후 전세계를 완전히 뒤바꾸어 놓았던 막스의 『공산당 선언』은 이처럼 극적인 문장으로 시작한다. 인류 역사를 계급투쟁의 역사로 이해했던 그의 눈에는 유럽과 전세계가 공산주의 혁명의 비등점에 곧 도달할 것으로 보였다. 막스의 확신은 유럽을 배회하는 공산주의가 유럽을 접수하고 온 세상을 향해 뻗어나가리라는 것이었다.

문맥과 역사적 정황이 비교할 수 없을 정도로 다르긴 하지만, 그 문장을 "유령 하나가 한국 교회를 배회하고 있다. 험담이라는 유령이"로 바꾼다면 한국 교인들의 시선을 사로잡을 수 있을까? 이 책의 저자인 매튜 미첼 목사가 미국 기독교인들이 험담이라는 죄를 거의 인식하고 있지 못한다는 사실에 놀라고 가슴 아파했던 것처럼, 그의 책 『험담을 멈추라』를 번역했던 나의 가장 큰 동인은 험담이라는 죄에 대한 인식이 거의 영(0)에 가까워보이는 한국 교인들의 손에 이 책이 언젠가는 들려지고 읽혀질 것이라는 믿음이었다. 저자는 미국인의 시각으로 미국 교회 상황만을 다루고 있지만, 한국인 번역자로서 내게는 이 책이 시급하게 필요한 곳은 한국 교회라는 확신이 들었기 때문이었다.

매우 선명한 4부 9장의 구조로 된 이 책에서 저자는 험담의 죄는 우리가 생각하는 것 이상으로 심각한 죄라는 것, 우리는 의식적 또는 무의식적으로 험담의 죄를 무시하며 살고 있다는 것을 성경을 통해, 또한 자신의 목회에 대한 반추를 통해 우리에게 분명하게 보여 준다.

한국 교회에 만연한 유교적 사고와 전체주의적/획일주의적 사고는 너무도 강력하여, 때로는 그리스도의 복음의 힘마저 무력화시킬 수 있는 것처럼 보일 때가 있다. 교회 안에서마저 혈연, 지연, 학연으로 피아(彼我)를 구분하고, 끝이 없는 비교와 질투로 서로를 물고 뜯으며 지내는 우리의 처연한 모습은 한 미국 복음주의 교회의 목회자가 쓴 이 책을 읽고 번역하는 내내 내 머리를 떠나지 않았던 것 같다. 번역의 과정에 슬픔이 있었던 것은 그런 이유였다. 사람을 살리고 변화시키는 하나님의 능력인 예수 그리스도의 복음은 우리 한국 교인들의 혀에 어떤 조정 능력을 행사할 수 있는 것일까?

이 책의 가치는 험담의 죄를 해결하는 데 있어 혁명적인 발상이나 누구도 생각지 못했던 기발한 방도를 제시하는 데 있는 것이 아니다. 당연히 미첼 목사는 이 책에서 그런 획기적인 해결책들을 거의 제시하지 않는다. 오히려 그는 독자들의 마음을 다소 불편하게 하는 것을 감수하고라도 험담의 죄에 대한 실체적 진실로 우리를 인도해간다. 험담은 하나님의 마음을 매우 아프게 하는 큰 죄라는 것, 그리고 우리 모두 그 죄를 거의 아무런 양심의 가책 없이 즐기듯 범하고 있다는 사실, 또한 이로 인해 하나님의 교회가 고통하고 있다는 사실을 우리에게 담담하게 보여 준다.

이 책의 참 가치는 험담의 죄에 맞서기 위한 유일한 방도로서의 그리스도의 복음을 재발견하고, 그 복음이 어떻게 실제적으로 험담의 죄에 빠진 우리를 구원해낼 수 있는지, 그리고 우리가 그 죄와 싸울 수 있도록 복음이 우리를 어떻게 변화시킬 수 있는지를 설명하고 보여 준다는 데에 있다.

이 책을 읽으며 번역자로서 누린 복과 기쁨은 무척 컸다. 그리스도의 복음에 깊이 뿌리 내린 한 목회자의 통찰이, 거의 아무도 신경 쓰지 않는 험담이라는 죄에 대한 인식과 저항으로 우리 모두를 인도해가기를 소망해 본다.

2016년 11월 24일

서문

에드워드 T. 웰치 박사
웨스트민스터신학교 교수

내가 험담과 관련된 심각한 문제가 있다는 걸 깨달았기 때문에 이 책을 읽게 된 것은 아니다.

그렇게 깨닫고 있는 사람이 있긴 할까?

어쨌든 내가 이 책을 읽은 것은 매튜를 좋아하기 때문이었다. 그래서 매튜를 먼저 소개한 후에 책 이야기를 해야겠다.

그 사람 – 매튜

매튜가 우리 목사님이라면 좋겠다. 할 수 있다면 가족과 함께 펜실베니아 교외로 이사가서 그의 설교를 듣고, 성도들을 지혜롭고도 탁월하게 사랑하는 그의 모습을 보고 싶다. 이 책을 읽는 당신 역시 그걸 원하리라 생각한다. 매튜는 하기 쉽지 않은 말이라도 사람들에게 해 줄 수 있고, 그 말을 들은 이가 그가 해준 말에 큰 도움을 받아 그의 이야기를 더 듣기 원하는 그런 몇 안 되는 사람 중 하나이다.

그는 바른 말을 하되, 잘 할 줄 아는 사람이다. 그의 블로그를 살펴보면 증거들을 더 볼 수 있다. 그의 말과 글은 언제나 명확하다. 지극히 인간적이며, 가까이 하고픈 사람이다. 험담에 대한 그의 정의를 읽어보면, 처음부터 그 명쾌함을 보여 준다. '죄가 되는 험담은 나쁜 마음을 가지고 타인의 뒤에서 나쁜 소문을 퍼뜨리는 것이다.' 기억해야 하는 말이고, 핵심적인 말이다. 매튜는 '악취 나는 말'이 험담에 대한 성경 원어를 가장 적절하게 번역한 것임을 보여 준다. 그러므로 이 말은 그저 멋진 표현으로 지나쳐가는 것이 아니라 당신의 마음속에 기억될 것이다.

그는 자기 가족을 사랑하는 사람이다. 이 책 앞에 실린 헌사는 얼마나 멋진가! 나로 하여금 눈시울이 붉어지게 하는 매튜의 헌사는 그의 부드러움을 보여준다.

그는 험담을 싫어한다. 독자는 이 책에서 여러 이야기들을 읽을 것인데 등장인물들이 하나같이 독자들의 마음에 들 것이다. 매튜는 그의 성도들이나 친구들에 대해 좋은 소문을 전하는 사람이다.

그는 성경에 해박하고, 성경은 그의 일부이다. 성경은 심오하고 복잡하지만 어린 아이들도 이해할 수 있는 책이다. 성경에 어려운 내용들이 나오지만 성경은 참되고도 좋은 소식이며 그렇게 들려져야 한다. 성경은 신선하고 살아있다. 성경은 케케묵었거나 흔해빠졌거나 진부하거나 지루한 것으로 여겨져서는 안 된다. 매튜는 다르다. 그는 성경의 신선함과 생동감 구체화할 뿐 아니라, 그 점들을 한껏 드러내는 글을 쓴다.

매튜를 친구처럼 생각하라. 친구가 된다는 것은 고귀한 소명이다. 친구는 자신의 삶을 연 채, 멀찍이 앞서서가 아니라 나와 함께 걷는 사람이고, 결코 나를 얕보지 않으며, 혼자가 아닌 우리 모두의 이익을 마음에 두는 사람이다.

우리는 어떤 식으로든 친구 앞에서는 마음의 경계를 늦춘다. 그를 '신뢰할 만한' 친구로 생각하라.

이 책 - 『험담을 멈추라』

이 책에 관해 말해본다면, 나는 모든 사람이 험담을 멈추는 것에 관한 책은 한 권 이상 읽어야 한다고 생각한다. 목회자들은 설교 계획을 세울 때 이 주제를 꼭 넣어야 하고, 모든 소그룹 역시 매년 이 주제를 다루어야 한다고 생각한다. 성경에 의하면 험담은 치명적인 문제이고(잠 26:22) 우리의 주의 깊은 관심을 요하는 문제이다.

그러나 놀랍게도 읽을 만한 자료가 턱없이 부족하다. 어쩌면 우리는 험담하는 것이 결코 바꿀 수 없는 인간의 본성이라 간주하고는, 그것에 대항하기보다 오히려 그것을 부추겨 왔는지도 모른다. 매튜는 왜 그러한지 설명하면서 험담은 '별식(別食)'과 같음을 상기시킨다.

나의 경우에는 마치 엠앤엠스(M & M's) 초콜렛 같은 것이다. 눈에 보이지 않을 때는 이겨낼 수 있을 것이라 생각하겠지만, 눈에 보이는 순간 당신에게 손짓하고 당신을 애타게 한다. 이러한 통찰만으로도 이 책은 읽을 만한 가치가 있는 책이다.

내게도 험담이 별식 같을 때가 있었다. 이 영역에서 나는 성숙했다고 생각했었다. 나는 그렇게 자주 험담을 하지는 않지만, 험담이 행해질 때면 들어준다. 그리고 나는 여전히 타블로이드판 신문 표지와 '피플(People)' 잡지에 마음이 끌린다.

그러므로 당신 역시 이 책을 읽을 때 유죄 선고에 대해 마음의 준비를 해두라. 아니, 오히려 그것을 기대하기 바란다. 우리에게 유죄 선고를 내리는 이가 언제나 우리의 유익을 구하는 이라면 그의 유죄 선고는 달콤하다. 무엇보다 우리 하나님이 우리를 속히 용서하시고 우리에게 그리고 우리에 대하여 선한 말씀을 하실 때, 그의 유죄 선고는 달다.

『험담을 멈추라』에 나온 놀랍도록 실제적인 단계들은 우리가 그러한 죄를 깨달을 수 있는 분명한 방향을 제시한다. 그 단계들은 우리가 험담에서 빠져나올 수 있는 방법을 보여주는데, 그 방법은 지혜롭고 틀에 박힌 것이 아니며 언제나 우리의 마음을 예수께 고정케 한다. 그리고 그 방법들은 칭찬할 만한 사람들에 대해, 심지어 악인들에 대해서까지도 좋은 말을 전하는 사람이 되는 풍성한 비전을 제시하며 우리의 삶에서 험담을 제거하도록 돕는다.

험담의 죄를 지은 이들은 또한 험담으로 인해 상처받기도 한다. 이 책에서 험담의 파괴력에 대해 깊이 다룬 것은 목회자로서 양떼들을 보호하고자 하는 매튜의 마음에서 나온 것이다. 험담의 희생자들은 극심한 고통을 경험한다. 그들을 위해 매튜는 어려운 길, 즉 예수님께 간절한 기도로 의지함으로만 발견할 수 있는 출구를 보여주지만, 그가 제시하는 그 길은 정말 좋은 길이다. 나는 매튜가 나의 대적자들을 사랑할 수 있도록 도와주어서 무척이나 기뻤다.

> 사람들이 당신에 대해 험담을 했다면 당신의 기본적인 입장은 '그들 편이어야' 한다. 그러나 험담 이전과 똑같이 당신이 그들을 여전히 신뢰해야 한다는 의미는 아니다. 개인적인 손해를 보더라도, 그들을 위한 최선을 추구해야 한다는 뜻이다. 예수님도 우리를 이렇게 사랑하시지 않았는가? 우리가 아직 죄인 되었을 때에 그리스도

께서 우리를 위하여 죽으셨다(롬 5:8을 보라).

마지막 장은 교회 지도자들을 위한 추천의 장이다. 험담과 관련하여 교회 지도자들은 매우 복잡한 곤경에 처해 있다. 교회 지도자들은 험담이 교회를 허물어뜨리고 자신들의 사역마저 무너뜨릴 수 있다는 것을 알고 있다. 험담의 피해를 입어보지 않은 목회자는 없지만, 목회자들은 '당신의 지도자, 다시 말해, 바로 저에 대한 험담을 멈추십시오. 그리고 성경이 말하는 대로 저를 존귀하게 대해주세요.'라고 쉽게 말할 수 없다. 매튜는 이러한 문제에 대한 핵심적인 가이드를 제공한다.

당신이 목회자가 아니라면 이 책을 다 읽은 후 당신의 교회의 목사님에게 선물하거나, 아니면 새 책을 사드리기를 바란다.

고마워요, 매튜. 헌신적인 수고로 우리를 잘 인도해주었습니다.

목차

- 추천사 _5
- 감사의 글 _12
- 역자 서문 _16
- 서문 (에드워드 T. 웰치) _19

들어가는 글 _28

제1부 | 험담 깨닫기

    제1장 정확히 말해, 험담이란 무엇인가? _35
        악한 험담에 대한 성경적 정의

    제2장 우리는 왜 험담을 할까? _53
        험담의 핵심

    제3장 험담꾼 전시관 _68
        험담하는 자들의 다섯 가지 종류

제2부 | 험담과 싸우기

    제4장 최고를 믿고 기대하기 _93
        관대한 판단이 험담을 없앤다

    제5장 험담의 대안: 직접 말하기 _113
        험담을 벗고 덕을 세우는 말을 하라

제6장 험담의 대안: 듣기 _135
　　험담을 만난다면 어떻게 할 것인가?

제3부 | 험담에 반응하기

제7장 믿음으로 반응하기 _157
　　내 평판에 대해 하나님을 신뢰하기

제8장 사랑으로 반응하기 _178
　　원수를 사랑하라?

제4부 | 험담 뉘우치기

제9장 험담 뉘우치기 _199
　　험담의 유혹을 뿌리치기는 너무 어렵다

나가는 말 | 험담의 끝 _217
　　나쁜 이야기는 더 이상 없을 것이다

- 교회 지도자들을 위한 조언- 험담에 저항하는 교회 세우기 _219
- 험담을 멈추는 삶을 위한 추천 도서 _249

일러두기

* 다른 안내가 없는 한, 본서에 나온 성경은 Biblica에서 출판한 New International Version ⓒ 1973, 1978, 1984에서 인용했습니다.
* NLT로 표시된 성경은 Tyndale House Foundation에서 출판한 New Living Translation ⓒ 1996, 2004, 2007에서 인용했습니다. Tyndale House Publishers, Inc., Carol Stream, Illinois 60188의 허락 하에 사용함. All rights reserved.
* KJV로 표시된 성경은 King James Version (1611)에서 인용했습니다.
* 메시지 성경은 복 있는 사람에서 출판한 『메시지/구약 시가서』(2015)에서 인용했습니다.
* NASB로 표시된 성경은 The Lockman Foundation에서 출판한 New American Standard Bible®, ⓒ 1960, 1962, 1963, 1968, 1971, 1972, 1973, 1975, 1977, 1995에서 인용했습니다.
* 성경 인용문에서 이탤릭체로 된 부분은 저자가 강조하는 부분입니다.

♥ 내 아내 헤더 조이
여보, 당신은 이 책이 필요 없어요.

입을 열어 지혜를 베풀며,
그의 혀로 인애의 법을 말하며(잠언 31:26).

린다 제인 런던(1951년 2월 28일-2010년 12월 10일)을 기억하며…
할머니가 해주신 이야기들이 그립습니다.

들어가는 글

도처에 험담이 넘쳐난다. 증거가 필요하다면 페이스북에 들어가 보라. 텔레비전 채널을 이리 저리 돌려보라. 마트 계산대 앞에 진열된 잡지들을 훑어보라.

직장이나 학교, 또는 동네에서 주위 대화들에 귀를 기울여보라.

얼마나 자주 이 같은 말을 하거나 듣는가?

사실 이런 말 하면 안 되는데, 글쎄 있잖아요…

내가 상관할 바는 아니지만, 글쎄 …

… 최근 소식 들었어?

양쪽 귀가 꼿꼿이 서고, 눈썹이 치켜 올라간다. 몸을 숙이고, 목소리를 낮춘다. 우리 모두 빠져든 것이다.

우리 모두가 험담을 경험한다. 험담이 주는 강력한 유혹으로부터 안전한 사람은 없다. 험담의 독성으로부터 안전한 사람은 없다.

상황이 이러한데도, 그리스도인들을 위한 이 주제에 대한 가르침은 놀랍고도 슬프게도 매우 부족한 실정이다.

험담의 죄를 다루는 설교를 언제 마지막으로 들었던가?

성경은 이 주제에 대한 지혜로운 가르침으로 넘쳐나지만, 아무도 주의를 기울이지 않는다. 본서(本書)는 모든 형태의 험담과 싸우는 데 필요한 성경적 무기로 그리스도를 따르는 이들을 무장시키기 위한 시도의 일환이다.

험담의 유혹

험담의 유혹을 이기는 것은 쉬운 일이 아니다.

왜일까?

우선, 험담을 정의하기가 어렵기 때문이다. 어떤 것이 험담이고 어떤 것이 아닌지에 대해 많은 혼란이 존재한다.

다른 사람들에 대해 이야기하는 것이 언제는 괜찮고 언제는 괜찮지 않은가?

제1장에서 나는 성경에 근거를 둔 정의를 제공한다.

'험담의 죄란 악한 마음으로 다른 이의 등 뒤에서 악한 이야기를 퍼뜨리는 것이다.'

이 정의를 상세하게 설명한 후, 성경에서 어떤 부분이 이를 지지하는지를 보여준다. 제2장에서는 우리가 험담을 하는 이유를 설명한다. 진정한 변화의 열쇠는 내가 제시한 정의 중 '악한 마음으로' 부분을 이해하는 것이다. 나방이 불빛에 끌리듯 우리의 악한 마음이 악담에 끌리기 때문에 우리는 험담을 하는 것이다.

험담과 관련된 나의 개인적인 투쟁 중 일부도 나누고자 한다. 나는 새로운 정보에 엄청난 관심이 많은 사람이다. 나는 현재 일어나고 있는 일에 직접 관여하여 알고 싶어 한다.

당신도 혹시 그렇지 않은가?

물론, 기술 문명이 나의 이러한 중독을 조장한다. 블로그 글, 사회 관계망 서비스(SNS)의 상태 업데이트 및 이메일을 통해, 정보가 주는 통제 감정, 즉 내가 뭔가를 통제하고 있다는 느낌을 갈망한다. 하지만 그러한 통제 감정은 환상일 뿐이다. 내가 통제할 수 있는 건 전혀 없다. 오히려 정보에 대한 중독이 나를 통제할 뿐이다.

그러나 좋은 소식이 있다!

예수 그리스도께서 나의 마음을 변화시키시고, 주님께서는 말씀 안에 있는 위대하고 귀한 약속들을 사용하셔서 정보 중독으로부터 나를 떼어 내어 주를 향한 사랑과 신뢰를 향해 이끌어 가신다는 것이다. 정보에 대한 목마름으로 인해 쉽게 유혹받는 것이 당신에게는 해당되지 않을 수도 있다. 3장에서, 나는 다섯 가지 상이한 마음의 욕구로 인해 나타나는 다섯 가지 유형의 험담꾼들에 대해 간단히 설명한다.

당신도 그중 어디엔가는 반드시 속할 것이다.

험담이 무엇인지, 또 그것이 어디에서 오는지 알더라도 험담의 유혹을 이기는 것은 여전히 쉽지 않다. 별다른 대안도 없는 것처럼 여겨진다.

험담 '대신에' 뭘 할 수 있는가?

제4, 5장 및 6장에서는 험담에 저항하고, 험담을 사랑의 생각, 사랑의 언어, 사랑의 행동으로 바꿀 수 있는 성경적 전략들을 제공한다.

험담의 고통

아마도 당신은 험담을 하고픈 유혹 때문이 아니라 험담으로 인해 상처를 입었기 때문에 처음에 이 책을 집어 들었을 것이다. 사람들이 당신에 대해 험담을 할 때 당신은 칼로 찔리는 것 같은 아픔을 겪는다(잠 12:18 참조).

당신의 평판은 진흙탕 속에서 질질 끌려 다니고, 당신은 더 이상 사람들을 믿을 수 없다. 그렇다면 제7장과 제8장은 당신을 위한 장이다. 이 장들에서는 우리가 악한 험담의 표적이 되었을 때 어떻게 행동해야 하는가에 대해 성경이 가르치는 바를 다룬다.

나 자신도 경험했던 일이다. 목사로서, 내가 섬기는 작은 공동체에서 내가 험담의 표적이 되었던 때들이 있었다. 책의 뒷부분에서 나는 나의 실제 경험들을 나눌 것이다. (하지만 등장인물들의 입장을 고려하여 그들의 이름이나 사람들이 알아볼 만한 특질들은 모두 바꾸었다. 험담에 저항하는 것을 다루는 책에서 험담을 하고 싶지는 않았기 때문이다.) 언젠가 나에 대한 험담이 최고조에 달했을 때, 나는 목회 사역을 완전히 그만두려 했다. 하지만 내가 그만 두지 않았다는 것이 지금은 감사하다. 하나님이 내게 신실하셨듯이 당신에게도 그러하실 것이다.

험담의 사악함

험담하는 것이 별일 아닌 것처럼 여겨질 때가 종종 있다. 영어 성경 전체를 통틀어도 '험담(gossip)'이라는 단어는 단지 몇 차례만 등장할 뿐이다. NIV의 경우 'gossip'이라는 단어는 총 일곱 번 등장하는데, 잠언에서 6회, 고린도후서에서 1회이다. 그러나 그 단어가 언급되었다는 것은 그 상황에 문제가 있다는 것을 뜻했다.

사도 바울은 "이같은 일을 행하는 자들은 사형에 해당한다"고 말하며(롬 1:28-32를 보라), 험담하는 자들(롬 1:29)에 대해서 (수군수군하는 것이라

번역함-역주) "모든 불의, 추악, 탐욕, 악의 (롬 1:20)의 목록에 등장하는 살인자나 "하나님께서 미워하시는 자"들과 같은 수준으로 꾸짖는다.

사도 야고보 역시 우리의 혀는 작은 지체이지만 큰 악을 행할 수 있음을 가르친다. 그는 험담은 불을 가지고 노는 것이라 말한다(약 3:2-6을 보라). 험담이 도처에 넘쳐나고 그 유혹이 강력하지만, 우리는 험담에 저항해야 한다. 사람들을 다치게 하기 때문만이 아니라, 거룩하신 하나님을 노하게 하는 일이기 때문이다.

우리 모두 언제 어디선가는 험담함으로 하나님을 노하게 했지만, 안타깝게도 우리가 뱉은 말들을 이제 와서 주워 담을 수는 없다. 험담에 굴복해버린 후에는 어디로 가야할까?

제9장에서 진정한 회개에 대해 성경이 무엇을 가르치는지, 예수 그리스도를 통해 주어지는 하나님의 은혜 안에 있는 소망에 대해 성경이 무엇이라 말하는지를 배우게 될 것이다.

* * * * *

섬기는 지역 교회가 험담의 위험을 이겨낼 만큼 강해지기를 원하는 목회자나 교회 지도자라면 스터디 그룹에서 이 책을 함께 읽는 것도 좋은 방법이다. 각 장 뒷부분에 있는 그룹 토의용 질문은 핵심 성경 구절들을 적용하는 데 중점을 둔다. 책의 말미에는 보너스 장도 있는데 여기서는 험담에 저항하는 교회를 세워나가기 위해 목회 리더십 팀이 함께 상고해 봐야 할 성경적 원칙들을 논한다.

이 책을 쓸 수 있도록 배려를 아끼지 않은 나의 신앙 공동체 랜스복음주의자유교회(Lanse Evangelical Free Church)에 감사한다. 내가 험담에 관한 책을 쓰고 있다는 이야기를 들은 어떤 이가 내게 물은 적이 있다.

> 세상에, 목사님 교회에 '그런' 문제가 있다구요?

나는 사실대로 대답할 수 있었다.

> 아니오, 저희 교회는 남의 험담이나 하는 교회가 아닙니다.

우리 교회가 실제로 그렇기 때문에 내가 이 주제에 대해 가르칠 수 있는 것이다. 완전하진 않지만 우리는 영적인 하나 됨을 위해 헌신했고, 그 과정에서 배운 교훈들이 적지 않다.

👉 그리스도를 통한 험담에 대한 저항 가능성

희망은 '있다.'
험담의 유혹, 고통, 그리고 사악함과 싸우라고 우리만 내버려두신 것이 아니다.

> (하나님이) 신기한 능력으로 생명과 경건에 속한 모든 것을 우리에게 주셨으니 이는 자기의 영광과 덕으로써 우리를 부르신 이를 앎으로 말미암음이라(벧후 1:3).

예수 그리스도의 복음은 험담을 물리친다.
이제 책장을 넘기면, 어떻게 그 일이 가능한지 보게 될 것이다.

제1부 험담 깨닫기

제1장 정확히 말해, 험담이란 무엇인가?
▶ 악한 험담에 대한 성경적 정의

제2장 우리는 왜 험담을 할까?
▶ 험담의 핵심

제3장 험담꾼 전시관
▶ 험담하는 자들의 다섯 가지 종류

제1장

정확히 말해, 험담이란 무엇인가?
- 악한 험담에 대한 성경적 정의 -

> 남의 말하기를 좋아하는 자의 말은 별식과 같아서
> 뱃속 깊은 데로 내려가느니라(잠 18:8; 26:22).

전쟁의 첫 번째 원칙은 적을 알아야 한다는 것이다.

험담에 저항할 수 있기 위해서는 먼저 험담을 인식해야 한다. 말하는 것만큼 쉽지는 않은 일이다. 우리의 '평범한 수다'가 악한 잡담으로 바뀌는 순간을 잡아내기란 쉬운 일이 아니다. 사실, 당신이 나와 비슷한 사람이라면 당신은 다른 이들과 대화할 때마다 "이 말을 해도 될까?" 또는 "이걸 들어야 하나?"라고 늘 묻곤 할 것이다.

어쩌면 당신은 험담을 악하게 만드는 것이 무엇인지 궁금해 할 수도 있겠다.

험담이 실제로 말해지는 '때'일까?

'험담자 자신'인가?

아니면 그 험담을 '듣는 자들'인가?

우리는 자주 우리 자신의 잘못을 못 본 체하고 넘어간다. 아내나 여동생과 이야기를 나누는 중이라면 다른 사람에 대해 험담을 해도 괜찮은 것 아닌가?

어머니나 목사님께 우리 마음을 그저 '털어놓는 중'이라면 괜찮은 것 아닐까?

그러므로 정확히 말해, 험담이란 무엇인가?

험담은 언제나 거짓말인가?

험담은 언제나 입증되지 않은 소문일 뿐일까?

험담은 언제나 악의적인가?

험담이 무엇인지 제대로 정의하지 못하면 경계선 긋기가 어려워진다. 무엇이 험담이고 험담이 아닌지 결정하는 것은 정말이지 어려운 일이다.

험담 인식에 있어 가장 어려운 부분은 험담에 경고 문구가 달려있는 것이 아니라는 점이다. 만일 우리와 이야기하고 있는 사람들 머리 위에 아래와 같은 표식이 번쩍이며 나타난다면 얼마나 멋지겠는가?

경고!

다음 대화에는 악한 험담이 들어있습니다.

부디 조심하시기 바랍니다.

하지만 다시 한 번 생각해보면, 그게 정말 좋은 것인지는 잘 모르겠다. 너무도 자주 '내' 머리 위에 그 표식이 나타나게 될 테니 말이다!

어쨌든, 이런 일은 안 일어나고 있지 않은가?

보통은 이런 식이다. 우리가 누군가와 이야기를 나눌 때, 그 자리에 없는 어떤 이에 대한 흥미를 자극하는 이야기 한 조각이 불쑥 튀어나오고,

그 이야기는 자기를 곧이곧대로 믿으라며 우리를 독촉한다.

성경은 말한다.

> 남의 말하기를 좋아하는 자의 말은 별식과 같아서 뱃속 깊은 데로 내려가느니라(잠 18:8; 26:22).

이 교훈은 너무도 중요해서 주께서는 잠언에서 두 번에 걸쳐 말씀하셨다! 이것이 무슨 의미인지 살펴보자.

1. 별식(別食, Choice Morsels)

'별식'이란 우리가 재빨리 먹어치우곤 하는 맛있는 것들을 말한다. 정말 맛있고 구미를 당기며 가장 중독성이 강한 먹거리이다. 주방 조리대 위에 놓인 감자칩 한 접시 같은 것이다.

어느 늦은 오후 엄마가 주방 조리대 위에 도리토스(Doritos)(또는 당신이 가장 좋아하는 짭짤한 과자류) 한 접시를 놓아두었다면 대부분의 가정에서는 어떤 일이 일어날까?

당신의 집에서는 어찌 될지 잘 모르겠지만, 우리 집이라면 그 과자는 정말이지 순식간에 사라질 것이다! 내 아내 헤더 조이(Heather Joy)는 이제 요령이 생겨서 사과나 당근이 담긴 그릇을 대신 내어놓곤 한다. 그리고 '그것들 역시' 저녁 식사 시간 한참 전에 없어진다.

하지만 조리대 위에 도리토스가 놓여있다고 가정해보자. 저녁 식사 전에 당신이 한 봉지를 모조리 먹어치운다면 어떻게 될까?

황소 같은 체격이 아닌 다음에야 속이 울렁거릴 것이다. 험담이란 그런 것이다. 험담은 "뱃속 깊은 데로" 내려간다. 필자의 할머니는 냉장고 문에 자석 장식품을 붙여두었는데, 그 장식품에는 돼지 그림이 그려져 있고 '입을 지나면, 엉덩이로 내려간다' 고 씌어있었다. 목구멍으로 내려가는 험담은 그 맛이 기가 막히지만 우리의 마음에 지속적이고도 유해한 영향력을 행사한다.

그렇다면, 악한 험담이란 '무엇일까'?

나는 이 질문에 답하는 것이 기쁘다.

험담에 관한 성경의 가르침은 이 한 문장으로 요약할 수 있다. '악한 험담이란 악한 마음으로 다른 이의 등 뒤에서 나쁜 이야기를 퍼뜨리는 것이다.' 이 정의에서 중요한 부분은 세 가지이다.

2. 정의 1: 나쁜 이야기를 퍼뜨리는 것

험담은, 명백히 말해 '뭔가를 이야기하는 것'이다. 위에서 보았듯이 성경은 "남의 말하기를 좋아하는 자의 '말'은 별식과 같아서"라고 말한다. 험담은 남의 이야기를 나누고 전달하고 전파하는 것이다. 이러한 이야기들은 양방향, 즉 말하기와 듣기로 흘러간다.

첫째, '말하기'이다. 잠언은 "두루 다니며 한담하는 자는 남의 비밀을 누설하나니 입술을 벌린 자를 사귀지 말지니라"(잠 20:19)라고 말한다. 옛 킹제임스 성경은 이 구절에서 'gossip'을 'talebearer'(고자질쟁이. 개역한글 및 개역개정은 "두루 다니며 한담하는 자," 공동번역은 "돌아가며 입방아찧는 사람," 새번역은 "험담하며 돌아다니는 사람"으로 번역함—역주), 즉 남의 이야기를 옮기는 사람으로 번역했다. 많은 경우 험담이란 다른 이의 비밀을 누설하는 것이다.

이런 일을 해본 적이 있는가?

부끄럽게도, 나는 그래본 적이 있다.

이런 일을 당해본 적이 있는가?

어떤 사람이 당신의 비밀을 퍼뜨렸다는 사실을 알게 되는 것은 끔찍한 일이다. 말하기에 의한 배신인 셈이다.

둘째, '듣기'가 있다. 잠언은 또한 "악을 행하는 자는 사악한 입술이 하는 말을 잘 '듣고' 거짓말을 하는 자는 악한 혀가 하는 말에 귀를 기울이느니라"(잠 17:4)라고 말한다. 먹음직한 험담 조각들을 받아먹기만 하고 적어도 '뭔가'를 말하거나 그 대화를 중단시키지 않는 것은 죄이다. 직접 험담을 하는 것과 동일한 죄이다.

3. 온라인 험담

물론, 이렇게 악한 이야기를 퍼뜨리는 것은 직접 만나서 하는 대화로만 이루어지는 것은 아니다. 기술은 장거리 험담도 가능한 시대를 열었다. 우리는 전화상에서도 험담을 할 수 있다. 온라인으로도 험담이 가능하다. 트위터(Twitter)에서도 험담을 지저귈(tweet) 수 있다!

나는 인터넷이 좋다. 이 글을 쓰는 현재, 나는 블로그 357개를 구독 중이며 페이스북 친구도 수백 명에 이른다. 사람들과 연락하며 지내는 데 더할 나위 없이 유용한 도구임에 틀림없다. 하지만 큰 선(善)을 위해 쓰일 수 있는 것들은, 특히 그것이 말(words)과 관련된 것일 경우, 큰 악(惡)의 도구가 될 수도 있다는 것을 알아야 한다. 성경은 "말이 많으면 허물을 면하기 어려우나 그 입술을 제어하는 자는 지혜가 있느니라"(잠 10:19)고 가르친다.

그러므로 내게 있어 악한 험담이란 내 전화기에서 "보내기" 단추를 누르는 것, 내 블로그에서 "게시하기" 단추를 누르거나 내 페이스북 계정에서 "공유하기" 단추를 누르는 것일 수 있다. 온라인상에 게시되는 것은 영구적이라는 사실을 기억하라. 인터넷에 올리기 전에 먼저 생각하라!

수년 전에 내 친구중 하나가 우리가 서로 알고 있는 한 사람에 대해 험담하는 이메일을, 실수로 내가 아닌 그 당사자에게 보낸 적이 있었다! 아차, '그 실수'로 인해 그 사람은 큰 상처를 입었다. 여러분이나 내가 "보내기" 단추를 누르는 것에 있어 별다른 실수를 하지 않는 사람일 수도 있다. 그러나 이 기술 문명을 사용하여 우리는 다른 이들에 대해 어떤 이야기들을 퍼뜨려왔는가?

나쁜 이야기의 세 가지 종류

악한 험담의 내용은 결코 중립적이지 않다. 그것은 언제나 다음 세 가지 종류의 "나쁜 이야기"중의 하나이다.

악한 정보

어떤 이의 뒤에서 그에 대한 나쁜 정보, 다시 말해 거짓말을 나누는 것은 악한 험담이다. 더욱 나쁜 것은, 그 이야기가 거짓이라는 것을 당신이 '이미 알고 있는 경우'인데, 그렇게 되면 이것은 험담이 아니라 중상(中傷, slander)이다!

누군가가 당신에 대해 퍼뜨린 악한 정보로 인해 명예가 훼손되었던 적이 있는가?

나는 그런 적이 있다. 언젠가 한 번 우리 작은 공동체내의 소문을 통해 내가 아내를 버렸다는 터무니없는 말이 돌아다닌다는 것을 듣게 되었다. 우리를 진정으로 아는 사람들에겐 정말이지 말도 안 되는 소문이었다. 내가 어떻게 내 아내 없이 살 수 있겠는가! 누가 그런 소문을 냈는지, 그리고 누가 그런 거짓말을 듣고 실제로 믿었는지 알 길이 없다. 주께서는 "거짓 증인은 벌을 면하지 못할 것이요 거짓말을 하는 자도 피하지 못하리라"(잠 19:5)고 우리에게 약속하신다.

물론 당신 '생각에는' 그 '나쁜' 정보가 사실 같겠지만, 그것은 사실이 아니다. 당신 '생각에는' 당신 이웃이 음주운전을 한 것 같겠지만, 당신은 그 이야기를 잘못 들은 것이다. 아니면 내 경우처럼 검증할 수 없는 소문이나 풍문일지 모른다. 어떠한 경우이든 험담일 뿐이다.

'어떤 이'에 대한 '나쁜 이야기'

또한 어떤 경우에는, 지금 돌아다니는 이야기가 사실일 수도 있고 어떤 사람이 한 나쁜 일에 '대한' 것일 수도 있다. 나는 이를 부끄러운 진실이라 부른다. 어떤 사람들은 어떠한 것이 진실인 이상 그것은 험담이 될 수 없다고 배웠겠지만 꼭 그렇지는 않다. 어떤 이에 대한 그런 끔찍한 진실을 어리석게도 퍼뜨리는 것이야말로 험담이다. 잠언은 우리에게 "두루 다니며 한담하는 자는 남의 비밀을 누설하나, 마음이 신실한 자는 그런 것을 숨기느니라"(잠 11:13)고 말한다. 한담하는 자에 의해 누설된 비밀들은 그 당사자로서는 감추고 싶어 하는 것인 경우가 많다.

이를 가리키는 성경의 표현은 "잘못을 말하는 것"(히브리어로는 딥바

(dibbah))이다. 창세기 37:2을 보면 요셉이 아버지 야곱에게 형들의 잘못을 말했다고 되어 있다. 형들이 무슨 일을 꾸몄는지 알 수는 없지만, 우리가 알고 있는 요셉의 형들을 생각해볼 때 아마도 하지 말아야 하는 일을 하고 있었던 것 같다.

그러므로 요셉이 거짓말을 했던 것은 아니겠지만, 그는 적어도 눈에 거슬리는 고자질쟁이였다. 관계없는 사람이 아니라 권위자에게 가서 험담하는 것이 바로 고자질이다.

잠언은 "중상(딥바[dibbah])하는 자는 미련한 자이니라"(잠 10:18)고 말한다.

예를 들어, 당신 친구중 하나가 최근에 어떤 나쁜 짓을 했고 당신이 그것에 대해 들었다고 가정하자.

심지어 당신은 또 다른 친구로부터 그 일에 대해 들었을 수도 있다. 그 사람 난폭 운전을 했대. 그녀가 자기 배우자에게 거짓말을 했대. 그가 동료를 속였어. 그녀가 자기 어머니를 때렸다는군. 어떻든 간에, 당신 친구가 정말로 수치스러운 일을 했을 수도 있다.

이 말만 명심하라.

'다른 친구들에게 그 일을 퍼뜨릴 필요는 없다!'

자제하는 것은 물론 어려운 일이다. 우리 핵심 성경 본문이 말하듯 "남의 말하기를 좋아하는 자의 말은 별식과 같다." 그 유혹을 이겨내는 것은 정말로 어렵다.

그런데 잠언 18:8과 26:22을 킹제임스역으로 암송했다면 지금쯤 머리를 긁적이며 "아니, 잠깐만요. 킹제임스역에서는 '남의 말하기를 좋아하는 자의 말은 '상처와 같다'(as wounds)고 되어 있어요. 상처와 별식은 아주 다른 것 아닌가요?"라고 말할지도 모른다.

그런 차이가 나는 이유는 킹제임스역의 번역자들이 여기서 사용된 히브리어의 어근에 어떤 것을 망치질하거나 때린다는 의미(할람(halam))가 있는 것으로 생각했기 때문이다.

그럴 듯하게 들리지 않는가?

험담의 말은 해롭다. 험담은 우리에게 심각한 상처를 입힌다.

그러나 오늘날 대부분의 학자들은 이 단어의 히브리어 어근이 '라함'(laham)이라는 사실에 동의하고 있다. 이 어근은 '식욕을 돋구고 맛이 좋아 그 유혹을 이기기 어려운, 한 입에 꿀꺽 삼키고픈 별식'을 가리킨다.[1]

내 아내 헤더 조이는 벅아이(Buckeye)라고 하는 초콜렛을 만들곤 한다. 집에서 만든 피넛 버터 컵(Reese's Peanut Butter Cups: 조그마한 컵 형태로 나오는 밀크초콜릿 상표-역주)인 셈인데, 훨씬 더 맛이 좋다. 바깥쪽은 초콜릿이고 속에는 단 땅콩버터가 들어있는 초콜릿이다. 하지만 내가 그걸 정말 좋아하기 때문에, 아내는 벅아이를 만든 후에는 찬장을 거의 잠가둬야 한다. 아내가 내게 벅아이를 하나 줄 때면 나는 방금까지 내가 몇 접시나 먹었는지 또는 얼마나 배가 부른지를 까맣게 잊고 만다. 벅아이를 위한 배는 따로 있다! 그런 초콜릿이 바로 "별식"이다.

솔로몬 시대에는 초콜릿과 땅콩버터로 별식을 만들지 않았다. 다양한 종류의 견과류와 건포도, 또는 꿀을 섞은 무화과로 만들어진 단 음식이었을 것이다. 더욱 가능성 있는 추측은 최상품 육류가 그 시대의 별식이었을

---

[1] Robert H. O'Connell, "4269 להם"*New International Dictionary of Old Testament Theology and Exegesis* (Grand Rapids: Zondervan, 1997), 2:766-67; P.J.J.S. Els, "4260 להט", *New International Dictionary of Old Testament Theology and Exegesis* (Grand Rapids: Zondervan, 1997), 2:760; 브루스 K. 월트케(Bruce K. Waltke), 『잠언 15-31장』(*The Book of Proverbs: Chapters 15-31, New International Commentary on the New Testament* (Grand Rapids:Eerdmans,2005)),74; Derek Kidner, *Proverbs, Tyndale Old Testament Commentary* 15 (Downers Grove: Inter-Varsity Press, 1971), 128.

수도 있다는 것이다. 쇠고기를 구울 때마다 장남인 앤드류는 항상 "지방(기름)이 좀 붙어있는 걸로 먹어도 되요?"라고 묻곤 하는데, '이것이' 바로 별식의 예이다! 그 유혹을 이기기는 쉽지 않다.

사람들에 대한 나쁜 소식, 수치스러운 소식이 그것과 똑같다. 나쁜 소식은 매혹적이지만 우리에게 해롭다. 우리 안의 무엇인가가 매우 잘못되어 있어서 우리는 다른 사람들이 하는 부끄러운 일들을 알고 싶어 하고 또 그것들을 떠벌리고 싶어 한다.

'어떤 이'를 향한 '나쁜 이야기'

세 번째 종류의 악한 이야기는 진실도 아니고 허위도 아닌, 누군가에게 일어날만한 어떤 일에 대한 추정이다. 시편 41편을 보면, 다윗왕이 몹시 아팠고, 그의 원수들이 기뻐하며 그에 대하여 험담하기 시작했다. 다윗은 이렇게 썼다.

> 나의 원수가 내게 대하여 악담하기를 그가 어느 때에나 죽고 그의 이름이 언제나 없어질까 하며 나를 보러 와서는 거짓을 말하고 그의 중심에 악을 쌓았다가 나가서는 이를 널리 선포하오며 나를 미워하는 자가 다 하나같이 내게 대하여 수군거리고 나를 해하려고 꾀하며 이르기를 악한 병이 그에게 들었으니 이제 그가 눕고 다시 일어나지 못하리라 하오며(시 41:5-8).

이것 역시 험담이다. 다윗은 어떠한 부끄러운 일도 행하지 않았지만 그의 원수들은 겉과 속이 달랐다. 그들은, 앞에서는 "아, 불쌍한 사람 같으니"라고 하면서도 밖에 나가서는 그가 죽을 것이라는 악한 이야기를 퍼뜨렸다.

이런 일을 겪어본 적이 있는가?

사람들은 "그 사람은 직장을 잃게 될 거야"라거나 "그 사람은 그 팀의 팀원으로 뽑히지 못할 거야"라는 식으로 말한다. 사람들은 "그 여자애는 학교에서 퇴학당하고 말거야"라거나 "그 여자 남편이 그 여자를 버릴 거야"라는 식으로 추측한다. 사람들은 "그 사람들은 집을 빼앗기게 될거야"라고 수군거린다. 타인에 대해 악한 마음으로 추측한 악한 이야기가 바로 험담이다.

4. 정의 2: 누군가의 뒷전에서

당신이 누군가에 대해 이야기하는데 그 사람이 '그 자리에 없다면' 누가 보기에도 그건 험담이다. 잠언 18:8과 26:22의 몇몇 번역에서는 "남의 말 하기를 좋아하는 자"(gossip) 대신 "소문을 퍼뜨리는 사람"(whisperer) 또는 "고자질쟁이"(talebearer)라는 단어를 사용한다. 소문을 퍼뜨리는 사람이란 당신의 뒷전에서 당신에 대한 이야기를 하는 사람이다. 그러므로 험담은 은밀히 행해지며, 험담하는 이는 늘 그러한 은밀함을 의도하기 마련이다.

알다시피, 당사자가 없을 때 그 사람에 대해 이야기하는 것은 무척 쉽고 재미있기까지 하다. 그 자리에 없는 사람에 대한 이야기를 계속하거나 시작하고 싶을 때 스스로에게 다음과 같은 질문들을 던져보라.

* 그 사람이 여기 있다면 그 얘기를 하겠는가?(솔직해지라)

* 그 여자에 대한 안 좋은 이야기를 만일 그 여자가 이 자리에

있었어도 내가 그냥 이렇게 듣고 있을 수 있겠는가?
　❋ 이 대화를 누군가에게는 숨기고 싶은가?
　❋ 내가 자리를 비울 때 다른 사람이 나에 대해 이런 식으로 말해
　　도 괜찮겠는가?

그렇긴 하죠. 하지만...

충분히 생길 수 있는 오해 하나를 풀고 자 한다. 성경은 그 자리에 없는 사람들에 대해 결코 이야기하지 말라고 가르치는 것이 아니다. 함께 자리하지 못한 사람들에 대해서도 좋은 말들은 얼마든 할 수 있다. 사실, 우리는 험담을 뒤바꾸어 사람들에 대한 좋은 이야기들을 퍼뜨려야 한다!

물론 그 자리에 없는 사람들에 대해 이야기해야만 한다거나, 심지어 그들에 대한 나쁜 일들을 이야기해야 할 때도 있다. 부모, 교사, 장로나 목사들, 심지어 친구들이나 팀원, 동료 및 이웃에 이르기까지 이런 일을 해야 할 때가 종종 있기 마련이다. 이것은 '다른 이들에게 권면하는 것'에 대한 성경적 원칙과 맥락을 같이 하는데, 우리는 5장에서 이것을 살펴볼 것이다.

언젠가 한 번 험담과 싸우기 위해 무던히도 노력한 어떤 그리스도인 부부에 대해 들은 적이 있다. 이 남편과 아내는 그들과 함께 있지 않은 다른 이에 대해서는 일절 아무 것도 말하지 않았다. 정말 아무 말도 하지 않았다. 긍정적인 말조차도 말이다!

그들의 시도가 성공을 거두었을까?

우리가 겪는 갈등과 문제들에 대해 지혜로운 이들로부터 조언을 구해야 할 때가 종종 있다. 조언을 구할 때는 당사자가 그 자리에 없을 때에라도 그가 행한 부끄러운 일들에 대해 이야기해야만 하는 경우가 있는 법이다. 진정으로 도움을 구하는 것이라면 악한 험담일리 없다. 반면에 우리는 자

주 험담을 늘어놓고 싶은 우리의 욕망을, 조언을 구한다는 핑계 아래 감추곤 한다. 다른 사람들 이야기를 나눌 때 중요한 것은 우리가 그 사람들 이야기를 해야만 하는 상황에서, 또한 심지어 그들이 우리의 대적자들 일 때에라도 그들을 계속해서 사랑하는 것이다. 이에 대해서는 8장에서 더욱 자세히 살펴보겠지만, 간단히 말하자면 예수님의 황금률을 모든 어려운 상황들에 적용해야 한다는 것이다. 어떤 이가 그 자리에 없을 때 그 사람에 대해 이야기해야 한다면, 그들이 당신에게 대해 주기를 바라는 것처럼 당신이 그들을 대해주고 있는지 확인하라.

5. 정의 3: 악한 마음으로

험담은 악한 마음에서 나온다. 다시 말해 험담은 우리 존재의 핵심에 뭔가 잘못되어 있을 때 생겨난다는 것이다.

'우리의 "속"에 무언가 이미 잘못되어 있기에 우리는 험담이라는 "별식"에 마음을 빼앗긴다.' 험담에 저항하는 데 있어 가장 중요한 열쇠는 이 사실을 받아들이는 것이다.

주 예수께서는 "마음에 가득한 것을 입으로 말함이라"(마 12:34)고 가르치셨다. 사람은 자기 마음의 통제를 받는다. 당신의 마음이 당신의 속사람이고 당신의 진짜 모습인 것이다. 성경은 또한 우리가 마음에 근거하여 살아간다고 가르친다.

잠언 기자는 말한다.

> 모든 지킬 만한 것 중에 더욱 네 마음을 지키라 생명의 근원이 이

에서 남이니라(잠 4:23).

우리의 동인(動因)들은 우리의 마음에서 나온다. 어떠한 형태의 나쁜 이야기이든 그것을 말하거나 듣고자 하는 악한 동기들이 바로 험담을 악한 것으로 만든다. 그러므로 험담을 인식하는 데 있어 우리가 답해야 할 가장 중요한 질문은 "왜?"이다.

※ 나는 왜 이 말을 하는가?
※ 나는 왜 이 말을 듣고 있는가?
※ 나는 왜 이 나쁜 이야기에 끌리는가?

질투나 분노, 또는 증오 때문일 수 있다. 아니면 일상의 지루함, 교만, 또는 사람들에 대한 두려움 때문일 수도 있다. 악한 험담을 생산해내는 죄악된 마음의 동기들은 많다. 기쁜 사실은 그 모든 것에 대한 답이 예수 그리스도의 복음에 있다는 것이다.

6. 저항은 헛수고가 '아니다'

잠언 18:8과 26:22에는 "험담을 경계하라"는 경고뿐이다. 우리에게 필요한 것은 그 별식에 저항하는 것인데 그렇게 하는 방법에 관해서는 말하지 않는다. 그러나 이제 우리는 성경에 근거를 둔 험담의 정의를 사용하여 험담을 인식할 수 있으므로, 험담에 저항하기 위한 복음의 전략들에 대해 좀 더 명확하게 고찰해볼 수 있다. 우선 다음과 같은 전략들이 있다.

※ 좋은 소식 전하기.
※ 솔직해지기, 그리고 어떤 사람에 대해 이야기할 때 내 이야기의 대상이 되는 그 사람을 사랑하고, 또 우리의 이야기를 들어주는 사람들을 사랑하기.
※ 하나님을 사랑하고 사람들을 사랑하는 변화된 마음 갖기.

청소년 시절, 나는 '스타 트렉: 다음 세대'(Star Trek: The Next Generation)에 푹 빠져 있었다. 이 시리즈에서 우주선 '엔터프라이즈'호 승무원들의 가장 위험한 적은 보그(Borg)라 불리우는 종족이었다. 외계 종족인 보그들은 모든 문화들을 자신의 시스템 안으로 삼켜버린 거대한 기계의 한 부분이었다. 보그들 내에는 개인주의란 없었고, 오직 "전체"뿐이었다. 보그들이 어떤 마을을 침략할 때 늘 했던 말은 "저항은 헛수고다! 너희들은 흡수될 것이다"였다.

험담은 자주, 험담을 즐기는 이 세상의 방식에 우리도 순응해야만 하는 것처럼 느끼게 만든다.

그러나 '사실이 아니다.'

예수 그리스도께서 우리를 죄에서 자유롭게 해주시려 죽으셨다.

> 친히 나무에 달려 그 몸으로 우리 죄를 담당하셨으니 이는 우리로 죄에 대하여 죽고 의에 대하여 살게 하려 하심이라(벧전 2:24).

저항은 헛수고가 아니다.

성경도 우리가 "마귀를 대적하라 그리하면 너희를 피하리라"(약 4:7)고 말씀하지 않는가?

주 예수께서는 우리에게 힘을 주셔서 우리가 죄에 대하여 죽고 의에 대하여는 살게 하신다. 그는 고린도전서 10:13에 나오는 것과 같은 약속을 통해 우리에게 그러한 일을 행하신다.

7. 위대하고 소중한 약속: 피할 길

사도 바울은 고린도교회 교인들에게 그리고 그들을 통해 우리에게도 "사람이 감당할 시험 밖에는 너희가 당한 것이 없나니"(고전 10:13)라고 말씀한다. 험담하고픈 욕망은 별난 것이 아니다. 나 혼자만 겪는 일이라 생각해서는 안 된다. 주 예수께서도 험담을 하고픈 때가 있었을 것이다.

그러나, 할렐루야, 예수께서는 결코 죄에 굴복하지 않으셨다(히 4:25)!

바울은 계속해서 "오직 하나님은 미쁘사 너희가 감당하지 못할 시험 당함을 허락하지 아니하시고"(고전 10:13)라고 말한다. 사실로 받아들이기가 어렵더라도, 우리는 바울이 말한 바를 믿어야 한다.

바울은 그 구절을 약속으로 마무리한다.

> 시험 당할 즈음에 또한 피할 길을 내사 너희로 능히 감당하게 하시느니라(고전 10:13).

이 얼마나 위대하고도 소중한 약속인가!

우리가 해야 할 일은 하나님의 약속을 신뢰하고, 그 약속대로 반드시 주어질 그 "피할 길"을 찾아보는 것이다. 시험은 사라지지 않을지 모른다. 계속적으로 시험을 "견디며 꿋꿋이 서있어야" 할 수도 있다. 쉽진 않지만,

악한 험담에 대해 승리하는 것은 가능한 일이다.

8. 그룹 토의를 위한 질문들

1) 험담에 대한 가장 일반적인 정의는 무엇인가?
   또한 험담에 대한 가장 보편적인 오해는 무엇인가?
   당신은 이 장을 읽기 전에는 험담을 어떻게 정의했는가?

   _____
   _____
   _____

2) 이 책에서는 악한 험담을 악한 마음으로 다른 이의 등 뒤에서 나쁜 이야기를 퍼뜨리는 것으로 정의했다. 이에 대해 이야기를 나눠보라.
   이러한 정의가 험담에 대한 당신의 개념을 어떤 식으로 확장시키거나 선명하게 해주는가?
   험담을 이렇게 정의하는 것이 매일의 삶 속에서 악한 험담을 가려내는 데에 얼마나 도움이 되는가? 또한 얼마나 도움이 안 되는가?
   예를 들어보라.

   _____
   _____
   _____

3) 잠언 18:8과 26:22을 읽으라. 어떤 면에서 험담이 "별식"같은가?
  험담은 왜 그토록 구미를 당기게 하고 중독성이 강한가?
  험담이 우리에게 미치는 영향은 무엇인가?

  _____
  _____
  _____

4) 벧전 2:13-25을 읽으라.
  예수님의 죽음이 어떻게 그리스도인들이 의에 대해 살도록 하는가?
  복음은 험담을 어떻게 이기는가?

  _____
  _____
  _____

5) 고전 10:13을 읽으라. 이 위대하고 소중한 약속을 이번 주에 어떻게 적용할 것인가?

  _____
  _____
  _____

제2장
우리는 왜 험담을 할까?
- 험담의 핵심 -

> 마음에 가득한 것을 입으로 말함이라(마 12:34).

사람들은 이야기를 좋아한다.

첫 아이가 태어난 이후로 줄곧 아내와 나는 우리 자녀들에게 이야기들을 읽어준다. 아내의 무릎 위에 아이들을 앉히고는 '큰 초록색 방'에 관한 책 『잘 자요 달님』(Goodnight Moon)[1], 궁금한 것이 너무 많았던 원숭이 조지 『호기심 많은 조지 세트』(Curious Goerge Story)[2], 언제나 씩씩하던 꼬마 기관차 『씩씩한 꼬마 기관차』(Little Engine That Could)[3], 항상 우울해 있는 『당나귀 이요르(Eeyore) 이야기』 등 작지만 화려한 두꺼운 종이로 인쇄된 유아용 책들을 많이 읽어주곤 했다. 이 책들을 통해 숫자나 색깔 또

---

[1] 마가릿 와이즈 브라운, 『잘 자요 달님』(Goodnight Moon) 이연선 역 (서울: 시공주니어, 1996).
[2] 한스 아우구스토 레이, 『호기심 많은 조지 세트』(Curious Goerge Story) 정경임 역 (서울: 지양어린이, 2006).
[3] 와티 파이퍼, 『씩씩한 꼬마 기관차』(Little Engine That Could) 이상희 역 (서울: 웅진씽크빅, 2006).

는 글자만 배우는 것은 아니었다. 그 책들은 우리 아이들이 자기들의 세상을 이해하는 데 도움이 되는 이야기들을 들려주었다.

우리 아이들은 이젠 컸지만 여전히 이야기를 좋아한다. 나의 딸 로빈(Robin)은 책을 읽는다기보다 먹어치운다고 해야 할 정도로 책을 좋아한다. 언젠가는 한 해에 무려 382권을 읽은 적이 있는데, 하루에 한 권 이상을 읽은 셈이다. 로빈이 읽는 대부분의 책들은 유용한 정보뿐 아니라 그 이상의 것들로 가득하다. 그 아이는 소설과 전기집도 읽는데, 그것들 역시 이야기들이다.

책 읽기를 즐기지 않는 사람들이라 해도 이야기는 좋아한다. 웃긴 이야기, 슬픈 이야기, 이상한 이야기, 또는 행복한 이야기이든 간에 우리는 누군가 해주는 이야기를 듣는 것을 좋아한다. 많은 이들은 또한 직접 이야기를 하는 것을 좋아한다.

우리 교회에는 어떤 상황에서나 어울리는 이야기들을 할 수 있는 이야기꾼들이 몇 있는데, 어떤 이야기는 교훈적이고 어떤 것들은 배꼽을 잡을 만큼 웃긴다. 물론 웃기면서도 교훈적인 이야기도 있다!

식당에서 사람들은 몇 시간이고 앉아 수다를 떨거나 이야기를 해주거나 들으며 시간을 보내곤 한다. 이 장을 쓰는 중에도 나는 페이스북에 들어가 친구들 소식을 클릭해 보았다. 어떤 이들은 한 단락 길이의 글만으로도 멋진 이야기를 전달할 수 있는 것 같다.

내 장모인 린다(Linda) 역시 이야기를 좋아하셨다. 정확히 말해 장모님은 이야기식으로 '사고하셨다.' 쿡 찌르면 장모님에게서는 이야기들이 쏟아져 나왔다. 장모님은 2010년 12월에 영원한 안식에 들어가셨고, 서로들 멀리 떨어져 살았지만 우리 모두 그분이 해주시던 이야기를 그리워한다.

우리 각 가족친지들이 뭉칠 수 있었던 것은 아이들의 할머니께서 구심

점이 되어주셨기 때문이었다. 헤더 조이는 매주 어머니와 전화 통화를 하며 손주들이 한 온갖 자잘하고도 우스운 일들을 나누고, 전국 각지에 퍼져 살고 있는 각 가족친지들에 대한 소식을 어머니로부터 전해 듣곤 했다. 장모님이 돌아가신 지금에는 각 가족친지들이 연락하며 가까이 지내는 것이 쉽지 않다. 우리 모두를 이어주던 장모님의 이야기가 이제 더 이상은 없기 때문이다.

1. 매우 오래된 이야기

이야기는 우리 삶에 꼭 필요하다.

이야기란 우리가 우리의 세상, 그리고 그 안에서의 우리 자리를 어떻게 이해하고 있는가에 관한 것이다. 성경 역시 이야기들로 가득하다. 구약 대부분과 복음서, 그리고 사도행전이 이야기로 되어 있다. 시편이나 잠언, 그리고 서신서 같은 성경의 다른 부분에도 이야기들에서 볼 수 있는 특성들이 많이 들어있다. 이 모든 성경 이야기들은 지류처럼 흐르다가 장엄한 구속의 이야기라는 큰 강으로 흘러들어 합쳐진다. 다음 말씀이 이 이야기의 요약이다.

> 하나님이 세상을 이처럼 사랑하사 독생자를 주셨으니 이는 그를 믿는 자마다 멸망하지 않고 영생을 얻게 하려 하심이라(요 3:16).

영원한 생명과 영원한 죽음은 예수님의 이야기를 믿는가 믿지 않는가에 달려있다. 이 이야기를 속기로 줄인다면 "복음"이라 쓸 수 있을 것이다.

❋ 복음은 소식이다.
❋ 복음은 최고의 이야기이다.
❋ 복음은 강력하다.

사도 바울은 다음과 같이 말씀한다.

> 내가 복음을 부끄러워하지 아니하노니 이 복음은 모든 믿는 자에게 구원을 주시는 하나님의 능력이 됨이라(롬 1:16).

그러므로 우리 모두 이야기를 좋아한다는 것은 의심할 수 없는 사실이다! '우리는 이야기 속에서 살고 있다.'

2. 어그러져버린 이야기

이야기를 좋아하는 것 자체보다 우리가 이야기를 과도하게 좋아한다는 것, 특히 잘못된 이야기들을 너무나 좋아한다는 것이 문제다. 이전 장에서 악한 험담은 나쁜 이야기를 전달하는 것임을 살펴보았다. 안 좋은 이야기란 바로 그런 것을 말한다. 나쁜 소식을 나눠야만 하는 때가 있을 수 있다. 그 나쁜 소식이 궁극적으로 좋은 소식을 향해 간다면 말이다. 그러나 나쁜 소식을 퍼뜨리는 것은 복음 그 자체에 대한 반역이 될 수 있다.

창세기 3장을 보면 에덴동산에서 뱀이 여자에게 하나님에 대해 나쁜 이야기를 하는 장면을 읽을 수 있다.

하나님이 참으로… 말라 하시더냐?(창 3:1).

뱀은 하나님의 명예를 훼손했고, 그의 악한 이야기를 아담과 하와가 믿었을 때 온 인류 역사에 끔찍한 결과가 초래되었다. 매일의 삶에서 경험하는 악한 험담의 조각들은 모두 태초에 어그러져버린 그 사건에서 퍼져 나오는 악한 메아리이다. 사실 험담이란 끊임없이 반복되는 똑같은 추한 죄이다. 말의 힘을 이용해 다른 이들을 파멸시키는 것으로 우리가 하나님 노릇을 할 수 있다고 하는 그 오래된 거짓말을 믿는 것이 험담이다. 험담은 단지 규칙을 위반하는 정도가 아니다. 험담은 우리가 진리가 아니라 오히려 사탄의 거짓말을 믿고 그것을 실천하는 패역한 삶이다.[4]

그러나 슬프게도, 우리는 잘못된 이야기에 끌린다.

나쁜 이야기가 빨리 퍼지는 것은 인기가 있기 때문이다. 몇 년 전 정부에서 일하는 저명한 그리스도인 한 사람이 작은 절도에 연루된 것이 드러났다. 왠지 모르게 나는 그의 이야기에 중독되었다. 좀 더 자세한 내용을 찾아 인터넷을 계속 뒤졌고, 블로그들을 돌아다니며 그 상황에 대해 논하는 모든 글들을 읽었다. 내 자신이 그 일에 대해 알아야 하는 이유는 없었지만, 나는 끊임없이 더 자세한 뉴스를 원하고 있었다. 인간의 마음은 나쁜 이야기들을 좋아하도록 되어 있다는 걸 보여주는 좋은 예이다.

---

[4] 이러한 통찰력으로 내 생각을 명료하게 해주신 나의 박사 학위 지도 교수인 윈스턴 스미스(Winston Smith) 교수님께 감사한다.

교사 휴게실에서의 험담

리넷(Lynette)의 새 직업은 교사였다.[5] 가르치는 학생들이나 대부분의 동료들과 잘 지냈지만, 그녀에게는 험담이라는 문제가 있었다. 그녀가 '험담을 즐긴다는 것'이 문제였다.

> 수개월 동안은 저는 말하지 않고 학교에 대한 이야기들을 그저 듣기만 했어요. 그런데 내 동료들이 별 인기 없는 다른 교사나 우리 주임 교사에 대해 내게 직접적으로 물어볼 때면 어깨를 으쓱하고는 저는 별다른 의견이 없다고 하곤 했죠.
> 아시겠죠?
> 저는 험담을 '그만 둔 것이 아니었어요.' 저는 호기심에 가득 차서, 사람들 입에 오르내리는 "특종"이 뭔지 알고 싶어 했죠. 제게 있어서는 그게 시작이었어요, 저항하지 않고 남들의 험담을 계속 듣는 것 말이에요.[6]

리넷은 잘못된 종류의 이야기들에 끌렸다. 그녀는 "별식"(잠 26:22)을 듣는 것에 중독되었던 것이다. 물론 그 이야기는 거기서 그치지 않는다. 다음 단계로 그녀는 이제 자기 자신이 험담을 하기 시작했다.

---

[5] 리넷은 이 여자의 본명이 아니지만, 그녀의 이야기는 실화이다. 내게 자신의 이야기들을 나눠 준 모든 이들에게 감사하지만, 특별히 악한 험담을 시인한 이들에게 더욱 감사하다! 이 책에서 가명을 쓰는 경우, 그 이름이 맨 처음에 나올 때는 따옴표를 써서 표시할 것이다.

[6] 필자가 받은 익명의 이메일(2010년 4월 21일)

얼마 지나지 않아 그 주임 교사와 저의 사이에 불쾌한 마찰이 있었어요. 그때까지는 저의 부서 내에 친구들이 있었고 그 친구들에게 내 문제를 토로하곤 했지요. 그때 감정이 앞서지 않도록 엄중하게 사실만을 말했다면 좋았겠지만, 전 결코 그렇지 못했어요. 결과적으로 험담이 시작된 거죠. 일단 저의 입 밖으로 흘러나오기 시작한 지극히 적은 양의 주스는 매일 매달 계속 흘러나왔고, 결국 제 스스로 멈출 수 없을 때까지 계속되었어요. 심지어 내가 잘못하고 있다는 것을 성령께서 확신시켜 주신 이후에도 여전히 멈출 수 없었어요. 제가 한 험담은 결국 저를 따라잡았고, 지속적으로 제가 험담을 일삼던 그 사람과 저와의 관계에 문제를 일으켰습니다. 그 사람과 충돌한 후에도 멈추기가 어려웠어요. 그 충돌 자체가 다른 사람들과 나눌 흥미진진한 험담거리가 되었지요.[7]

리넷에게 뭐가 잘못되었을까?

그녀의 그 모든 험담 버릇은 어디서 왔을까?

주 예수께서는 그것이 그녀의 마음으로부터 나온 것이라 말씀하신다.

🞂 가득한 것

마태복음 12장을 보면 예수가 사탄의 힘을 입었다고 정죄한 바리새인들을 예수께서 꾸짖으신 것을 읽을 수 있다. 바리새인들은, 내 자신도 거의 들어보지 못했던 '악한 말들로' 예수님을 정죄했다! 우리 주 예수께서는

---

[7] Ibid.

이렇게 말씀하셨다.

> 나무도 좋고 열매도 좋다 하든지 나무도 좋지 않고 열매도 좋지 않다 하든지 하라 그 열매로 나무를 아느니라 독사의 자식들아 너희는 악하니 어떻게 선한 말을 할 수 있느냐 이는 마음에 가득한 것을 입으로 말함이라 선한 사람은 그 쌓은 선에서 선한 것을 내고 악한 사람은 그 쌓은 악에서 악한 것을 내느니라 내가 너희에게 이르노니 사람이 무슨 무익한 말을 하든지 심판 날에 이에 대하여 심문을 받으리니 네 말로 의롭다 함을 받고 네 말로 정죄함을 받으리라(마 12:33-37).

이것을 '가득한 것의 원칙'이라 부르자.

우리의 악한 마음에 악한 말들이 가득하기 때문에 우리가 험담을 하거나 나쁜 말을 하는 것이다. 예수께서는 사람들을 나무에 비유하신다. 나무의 마음에 해당하는 뿌리나 줄기가 건강하면, 나무의 열매 역시 좋을 것이다. 그러나 뿌리가 병에 걸렸다면 쓸모없는 열매가 열릴 것이다. 열매에 무엇이 담겨 나오는지 보는 것으로 그 사람의 마음에 무엇이 들어있는지 알 수 있다. 우리 자신도 마찬가지다. 우리 마음속에 무엇이 있는지 드러내 보여주는 것은 우리의 말이다. 우리 교회에서 이것에 대해 가르칠 때, 나는 물 한 병을 손에 들고 강단 위에 그 물을 쏟아 부었다.

그리고는, "왜 이 바닥에 물이 있을까요?"라고 회중을 향해 물었다.[8]

모두들 킥킥거렸다.

---

8   이 예화는 Christian Counseling and Educational Foundation 교수진으로부터 들었다.

너무 뻔했기 때문이었을 것이다.

그리고 또 물었다.

> 왜 펩시(Pepsi) 콜라나 쿨-에이드(Kool-Aid)가 아니라, 물이 바닥에 있는 거죠?

내가 정말 펩시나 쿨-에이드를 카펫 위에 부었다면 관리 집사에게 혼났을 것이다. 그러나 중요한 진실은 바닥에 '물'이 있었던 것은 그 병 속에 '물'이 있었기 때문이었다는 것이다. 이와 비슷하게 예수께서도 "마음에 가득한 것을 입으로 말함이라"고 말씀하셨다. 우리 안에 있는 것이 우리 밖으로 나오는 것을 결정한다.

주 예수께서는 바리새인들이 에덴동산의 그 나쁜 이야기를 실천하며 사는 뱀 같아서 어떠한 선한 말도 할 수 없다고 말씀하신다. 그들의 본성 안에는 선한 것이 없었다. 그들의 마음속에도 선한 것이 없었다.

예수께서 말씀하셨다.

> 선한 사람은 그 쌓은 선에서 선한 것을 내고 악한 사람은 그 쌓은 악에서 악한 것을 내느니라(마 12:35).

내가 무디성경학교 학생이었을 때 학장이던 조셉 스토웰(Joseph Stowell)은 우리에게 "모든 이야기는 마음의 이야기입니다"라고 말하곤 했다. 당시에는 무슨 뜻인지 잘 몰랐다. 나는 스토웰 박사가 항상 정확하게 진심을 담아 말하라는 것을 가르치는 것이라고 생각했을 뿐이었다.

그렇지만 거짓말, 아첨의 말, 거짓 증언하는 것은 어떤가?

스토웰 박사가 가르치려 했던 것은 우리 입을 통해 나오는 모든 것이 우리 깊은 곳에 있는 무언가를 반영한다는 것이었다는 것을 나는 지금에 와서야 이해하고 있다.

예수님의 말씀도 그런 것이었다. 선한 수다, 선한 이야기들은 우리 마음에 "쌓인" 선한 것들로부터 기인한다. 악한 험담은 인간의 마음 속에 "쌓인" 악으로부터 나온다.

예수를 믿고 하나님으로부터 새 마음(에스겔 36:26을 보라)을 받은 자들에게도 이 사실은 똑같이 적용된다. 우리가 그리스도를 따르는 자로 살 때에도 내주하는 죄악의 찌꺼기가 우리 안에 남아 지속적으로 악한 동기를 유발한다.

 ## 다시 리넷에게로

우리 스스로의 동기들을 분간할 수 없는 때가 종종 있다.

리넷은 교사 휴게실에서의 자신의 행동을 쉽사리 정당화하곤 했을 것이다. 마음은 우리를 속이기 쉬워 우리 자신조차도 기만당할 수 있다. 그러나 하나님은 알고 계신다.

성경은 다음과 같이 가르친다.

> 사람의 행위가 자기 보기에는 모두 깨끗하여도 여호와는 심령을 감찰하시느니라(잠 16:2).

> 스올과 아바돈도 여호와의 앞에 드러나거든 하물며 사람의 마음이리요(잠 15:11).

우리는 우리 속에서 일어나는 일을 모를 수도 있으나 하나님은 그것을 알뿐 아니라 이해하고 계신다.

예수께서는 마태복음 12장에서만 가득한 것의 원칙을 가르치시는 것은 아니다. 마태복음 15장을 보면 예수께서 "마음에서 나오는 것은 악한 생각과 살인과 간음과 음란과 도둑질과 거짓 증언과 비방이니"(마 15:19)라 말씀하신 것을 볼 수 있다. 악한 말들만 마음에서 흘러나오는 것이 아니라, 악한 험담을 '듣는 것'을 비롯해 우리의 모든 죄들 역시 마음에서 나온다.

리넷의 문제는 마음의 문제였다.

그녀는 자기 마음이 불평과 자기의(義)에 근거한 판단, 그리고 재미있는 것을 하고픈 정욕에 휩싸이도록 내버려 두었다. 그리고 거기에서 악한 험담이 넘쳐 흘러나오기 시작했다. 하나님을 최고로 사랑하고 자기 자신을 사랑하듯 이웃을 사랑하는 데에 자신의 말을 쓰는 대신, 그녀는 하나님의 자리를 빼앗고 자기 자신의 즐거움을 위하여 사람들을 이용할 수 있다는 사탄의 악한 이야기를 믿었던 것이다.

이는 심각한 일이다.

예수께서는 우리가 언젠가는 결산을 해야 한다고 말씀하셨기 때문이다. 마태복음 12장에서 예수님은 이렇게 말씀하셨다.

> 내가 너희에게 이르노니 사람이 무슨 '무익한 말'을 하든지 심판 날에 이에 대하여 심문을 받으리니 네 말로 의롭다 함을 받고 네 말로 정죄함을 받으리라(마 12:36-37).

정신이 번쩍 들게 하는 말씀이다. 우리가 한 악의 있는 말들에 대해서

뿐 아니라, 무익하고 목적도 없고 근거도 없는 모든 말들에 대해 심문받는 것을 상상해보라! 말이란 심각한 것이다. 그저 공기 중에 퍼져 사라지는 것이 아니다. 말은 기억된다. 하나님이 듣고 계신다. 우리는 그 분 앞에서 답해야할 것이다.

3. 변화는 가능하다

그러나 리넷 이야기는 결말이 좋다.
결말이 좋은 이야기들은 정말 멋지지 않는가?
리넷은 험담에 대한 중독으로부터 벗어났다.

> 그 후 줄곧 험담을 끊고 유혹을 이겨냈어요. 격렬한 유혹에 마지막으로 굴복했던 것이 2년 전이예요. 하지만 다시 그 유혹에 빠지지 않도록 조심해야겠지요.

리넷의 말이다.[9]

하나님은 우리의 마음을 '변화시키는' 일을 하고 계신다. 그리스도인들도 여전히 내재하는 죄가 있지만 우리 죄보다 우리 구주가 더욱 크시다! 내재하는 죄는 새 정권에 대해 테러를 감행하면 권력을 다시 잡을 수 있을 거라 믿고 참호 속에 숨어있는 사담 후세인 같은 존재다. 여전히 위험하긴 하나, 죄는 이미 패배한 적군이다. 그래서 나는 "죄는 아직 여기 살고 있

---

[9] 필자가 받은 익명의 이메일 (2010년 4월 21일)

긴 하지만 우리의 대통령은 아니다!"라고 말하길 좋아한다. 성경은 우리가 "죄로부터 해방되고 하나님께 종이 되었다"(롬 6:22)라고 말한다. 주님이 우리의 새 주인이시고, 그는 선하신 분이다.

4. 미리 보기

이제 어디로 가야 하는가?
우리는 악한 험담의 영향력으로부터 어떻게 빠져나올 것인가?
성경은 우리에게 이렇게 가르친다.

> 너희는 이 세대를 본받지 말고 오직 마음을 새롭게 함으로 변화를 받아 하나님의 선하시고 기뻐하시고 온전하신 뜻이 무엇인지 분별하도록 하라(롬 12:2).

우리의 정신은 우리 마음속의 죄로부터 돌아서고, 하나님의 "보배롭고 지극히 큰 약속"을 신뢰하여 "이 약속으로 말미암아 우리가 정욕 때문에 세상에서 썩어질 것을 피하여 신성한 성품에 참여"할 때 새로워진다(벧후 1:4). 성령께서는 이러한 약속들을 쓰셔서 우리의 마음을 정결케 하시고 우리의 삶을 변화시키신다.

이제 다음 장들에서 정결케 하는 그 약속들이 무엇인지 함께 알아보도록 하자.

5. 그룹 토의를 위한 질문들

1) 왜 사람들은 이야기를 좋아하는가?
   당신은 어떤 종류의 이야기를 좋아하는가?

   _____
   _____
   _____

2) 우리는 어떤 이야기 안에서 살아가고 있는가?
   1분 안에 복음 이야기를 요약해야 한다면 어떻게 하겠는가?
   이 거대한 이야기가 우리 삶을 구성하는 작은 이야기들에 어떤 영향을 미치는가?

   _____
   _____
   _____

3) 마태복음 12:33-37을 읽으라. 가득한 것의 원칙에 대해 토의하라.
   "마음"(마 12:34)이란 무엇인가?
   마음은 우리의 말과 행동에 어떤 식으로 연결되어 있는가?
   왜 모든 말은 결국 마음에서 나오는 말이 되는가?
   당신이 한 모든 "무익한 말"(마 12:36)에 대하여 심문을 받는 것에 대해 생각하면 어떤 느낌이 드는가?

4) 리넷의 경우에 대해 이야기해보라.

어디서부터 그녀의 삶이 잘못되었는가?

그녀에 대해 동감할 수 있는가?

리넷이 어떻게 그 상황에서 벗어날 수 있었다고 생각하는가?

5) 로마서 6:18-22과 12:2을 읽고 "죄는 아직 여기 살고 있긴 하지만 우리의 대통령은 아니다!"라는 말에 대해 토의하라.

왜 죄가 그리스도인에게 여전히 문제가 되는가?

왜 죄는 패배한 적군인가?

그러한 관점이 악한 험담에 대한 당신의 관계를 지금 어떻게 바꿀 수 있겠는가?

제3장

험담꾼 전시관
- 험담하는 자들의 다섯 가지 종류 -

수군수군하는 자요(롬 1:29).

잠언은 '세사미 스트리트'(Sesame Street)에 나오는 노래 같다.

1950년대 이후 출생한 사람들은 이 인기 어린이 프로그램에서 나온 노래 "너희 동네 사람들"(The People in Your Neighborhood)을 기억할 것이다. 어린 시절 즐겨 부르던 이 노래는 부를 때마다 조금씩 달라졌는데 노래를 시작할 때마다 경찰관, 소방수, 검침원, 빵집 주인이나 우체부 등의 새로운 이웃이 등장하기 때문이었다. 후렴부는 이랬다.

> 거리를 걸어가다 보면 그런 사람들을 만나게 되지. 매일 그런 사람들을 만나게 되지.[1]

---

1 Joe Raposo and Jeffrey Moss, *The Sesame Street Song Book* (New York: Simon & Schuster, 1971), 43-45.

그 노래의 목적은 아이들이 자기 동네에 살고 있는 다양한 종류의 사람들에 대해 알게 하고 그들과 어떻게 관계하는지를 가르치는 것이었다. 그 노래는 이 세상이 다양한 종류의 사람들로 채워져 있다는 것, 그리고 그 사람들이 일반적으로 어떤 식으로 행동하는지를 이해할 수 있도록 도움으로써 아이들이 자신들의 작은 세계에서 일어나는 일들에 대해 알아도 안전하게 느낄 수 있도록 해주었다.

잠언도 이와 같다. 잠언은 사람들을 다소 과장된 됨됨이들로 분류하여 주님의 제자들이 이런 사람들을 만났을 때나 '자기 자신들이 그런 식으로 행동할 때' 깨달을 수 있도록 해준다. 잠언에서는 경찰관이나 우체부가 나오지 않고, 게으른 자, 이방 여인, 분을 쉽게 내는 자, 미련한 자 및 최소 두 종류의 험담꾼이 등장한다.

사실 성경 전체를 보면 "gossip"이라는 단어는 거의 매번 험담을 의미하는 동사가 아니라, 사람을 뜻하는 명사 형태, 즉 험담꾼으로 등장한다. 성경의 관심은 말 자체에 있는 것이 아니라 그 말을 하는 사람들에게 있다. 말은 중요하나, 말이라는 것은 마음의 열매요, 마음에 가득한 것일 뿐이다.

1. 험담꾼 전시관

험담꾼의 종류는 다양하다.

그들은(우리는) 각기 다른 때에 각기 다른 이유로 험담을 한다. '세사미 스트리트'에서 나온 그 노래가 어떤 사람들의 특징을 보여줬던 것처럼, 나도 우리가 일상에서 만나는(또는 되는) 다섯 종류의 험담꾼들을 다뤄보고

자 한다.

물론 세상에는 이 다섯 가지 종류의 험담꾼만 있는 것이 아니다. 우리의 마음은 지속적으로 뒤죽박죽 뒤섞인 마음의 동기들을 만들어낸다! 지금 여기서 다루고자 하는 다섯 가지는 최소 다섯 가지의 일반적인, 그러나 경건치 못한 동기들에 의해 촉발되는 보통 종류들이다. 각 종류를 살펴볼 때에 우리는 행동 그 자체보다는 그 험담꾼의 마음속을 깊이 들여다봐야 한다는 것을 기억해야 한다. 스스로에게 다음 질문을 던질 필요가 있다.

✻ 이 험담꾼이 원하는 것, 그리고 그가 믿고 있는 것은 무엇인가?
✻ 무엇이 그의 마음을 다스리고 있는가?
  이 사람이 경배하고 있는 대상은 무엇인가?
✻ 이 사람의 "마음의 유리병" 안에 어떤 "독약"이 들어있기에 이 악한 험담을 통해 흘러나오는가?

성경에는 각 형태의 험담꾼을 위한 치료법과 해독제가 있다. 성경에는 이렇게 사로잡힌바 된 마음 각각을 구체적으로 다루시는 위대하고 귀한 약속들이 있다. 그 약속들을 믿을 때 우리 마음이 새롭게 되고 우리가 세상을 본받지 않으며 우리의 말과 삶이 변화된다.

2. 첫 번째 험담꾼: 스파이

"메이건"(Meagan)은 각자의 말이나 비밀이 전혀 존중되지 않는 가정에서 자라났다. 그녀의 가족은 "스파이" 천지였다. 메이건은 이렇게 말한다.

무슨 말이든 이모나 할머니 귀에 들어간다고 생각하시면 되요. 항상 그런 식이었죠. 온 가족 내에 내 이야기가 퍼지니 불안했어요. 그래서 입을 다물기 시작했는데, 가족들로부터 냉대를 당했어요. 제가 "사람들을 무시한다"는 이유였죠. 무슨 말이냐면, 제가 더 이상 제 삶에서 일어나는 자잘한 이야기들을 그들에게 하지 않았다는 거죠. 그래서 전 경계태세를 유지하기 시작했고 개인적인 대화들은 늘 "이건 비밀이야. 너만 알아둬."라며 시작하곤 했어요. 사실, 그렇게 해도 부족할 때가 종종 있었죠! 어떤 이들은 "너만 알아둬"에 이모 셋, 그리고 이모들이 늘 함께 수다를 떨곤 하는 할머니가 포함된다고 생각했으니까요!²

잠언은 "두루 다니며 한담하는 자는 남의 비밀을 누설하나 마음이 신실한 자는 그런 것을 숨기느니라"(11:13)고 말씀한다.

"두루 다니며 한담하는 자"로 번역된 히브리어 단어는 "비밀을 퍼뜨리는 사람, 소리를 지르며 물건을 파는 행상인, 거짓말쟁이, 또는 첩자"를 뜻하는 라킬(rakil)이다.³ ESV 역본에서는 라킬(rakil)을 "중상하며 다니는 사람"으로 번역했다.

당신의 삶 속에도 이런 사람이 있는가?

아니면 '당신' 자신이 밀고자인가?

---

2   필자가 받은 익명의 이메일 (2011년 5월 19일)
3   Willem A. VanGemeren, "8215 רָכִיל," *New International Dictionary of Old Testament Theology and Exegesis* (Grand Rapids: Zondervan, 1997), 3:1114-15. 학자들은 이 히브리어 단어 라킬(gossip)을 "(악한 목적으로) 돌아다니다"나 "험담을 위해, 스파이처럼 정보를 캐내기 위해, 중상하기 위해 돌아다니다" 등의 뜻이 있는 유사한 단어인 라갈*(ragal)*과 연결시킨다. Brown-Driver-Briggs 히브리어-영어 사전(BDB)의 920쪽 및 940쪽도 참조하라.

내 친구중 하나는 이를 "정보를 캐고 싶어 안달이 난, 다시 말해 뭔가를 조사하려는 듯한 험담꾼"으로 분류한다.

> 이들의 의도는 너무도 은밀해서 곧바로 알아채지 못할 때가 많아요. 어떤 사람들은 남의 속을 떠보는 데 아주 능하죠. 그저 한 두 마디 정도만 던지고는 그에 대한 내 반응과 말의 더듬거림을 분석해내곤 해요.[4]

스파이들은 어떻게 하면 우리를 구슬려 이야기를 끌어낼 수 있는지 알고 있다.

스파이는 남에 관한 정보를 알아낸 후 그 정보를 자기 자신의 개인적 이득을 위해 이용하는 사람이다. 스파이들은 처음에는 신뢰할 수 있는 것처럼 보이지만, 절대 그렇지 않다. 우리가 보았듯, 성경은 말씀한다.

> 두루 다니며 한담하는 자[rakil]는 남의 비밀을 누설하나 마음이 신실한 자는 그런 것을 숨기느니라(잠 11:13).

스파이와는 이야기를 나누지 말라. 그와 이야기를 나누면 이제 '당신의' 비밀이 퍼뜨려질 것이다. 그렇다면 스파이의 동기는 무엇일까?

---

4   필자가 받은 익명의 이메일 (2010년 3월 30일)

 힘

스파이들은 무엇보다 힘에 대한 굶주림으로부터 동기를 부여받는다. 스파이가 원하는 무엇인가가 있다. 그리고 그런 사람은 당신과 나의 비밀을 이용해 그걸 얻어낼 것이다. 힘을 향한 그러한 굶주림은 장난기에서 나오는 것일 수 있다. 그저 장난치는 것을 즐기는 것인지도 모른다. 또는 그 스파이가 알려지지 말아야 하는 것을 알고 있을 때 주어지는 힘이나 어떤 것을 가장 먼저 알고 있을 때 가질 수 있는 힘을 갈구하는 것일 수도 있다.

메이건은 말한다.

> 어떤 이들에게 험담은 다른 사람들에게 무언가를 가장 먼저 말해주는 사람이 될 때 느끼는 스릴이나 도취감 같은 거라 생각해요. 다른 사람의 내막을 누가 가장 먼저 알아내는지 경쟁하는 꼴이지요. 당신보다 '먼저' 알아냈다면 그 사람들은 아주 뿌듯해하죠.[5]

일부 스파이들은 서로 비밀을 맞바꾸는 것을 통해 자신들이 이미 가지고 있는 것보다 더 좋아 보이는 것들을 얻어낼 수 있다는 것을 알고 있다. 십대 소녀들에게서 이런 일을 자주 볼 수 있다. 자기들의 무리 내에서 서로에 대한 우위를 확보하기 위해 서로에 대한 험담을 교환한다. 스파이에게 험담은 남을 끼워주거나 배제시킬 수 있는 힘을 준다.

나 역시 이러한 유혹에 노출된 사람이다. 나는 뭔가를 알고 있는 사람으로 인식되고 싶어 한다. "내막을 아는" 위치에 있을 때의 그 느낌과 지위

---

5 필자가 받은 익명의 이메일 (2011년 5월 19일)

가 좋다. 목사들 모임에서 나는 우리 교회들, 신학교, 또는 내가 만난 어떤 유명한 그리스도인에 대한 흥미를 끄는 뉴스 한 토막을 흘리고 있는 내 모습을 발견한다. 내 자신이 "뭔가 대단한 사람"처럼 보이게 하고 싶기 때문이다. 정말이지 역겨운 일이다. 인정하긴 싫지만 말이다. 나는 이 부분에서 변화가 필요하다.

 ## 비교할 수 없을 만큼 큰 힘

힘에 대한 갈망 때문에 유혹을 받는가?

그렇다면 당신이 정말 원하는 분은 예수님이다. 험담의 힘은 우리를 노예로 만들지만, 그리스도의 힘은 우리를 해방시킨다. 사탄은 자기의 힘에 대해 거짓으로 떠벌리지만 그 힘은 자기 자신이 아닌 다른 원천으로부터 나온 것이고 그 힘은 쇠미해 가고 있다. 마귀는 이제 곧 퇴임하는 통치자이다. 그러나 예수님의 힘은 그가 십자가에 죽으신 후 그를 살리신 힘이었고 하나님의 성령을 통해 영원히 함께 하는 힘이다.

힘에 대한 갈망 때문에 유혹을 받는다면 에베소서 1장에 나온 바울의 기도로 기도하라.

> 너희 마음의 눈을 밝히사 그의 부르심의 소망이 무엇이며 성도 안에서 그 기업의 영광의 풍성함이 무엇이며 그의 힘의 위력으로 역사하심을 따라 믿는 우리에게 베푸신 능력의 지극히 크심이 어떠한 것을 너희로 알게 하시기를 구하노라 그의 능력이 그리스도 안에서 역사하사 죽은 자들 가운데서 다시 살리시고 하늘에서 자기의 오른편에 앉히사 모든 통치와 권세와 능력과 주권과 이 세상뿐

아니라 오는 세상에 일컫는 모든 이름 위에 뛰어나게 하시고
(엡 1:18-21).

이것이 복음의 힘이고, 험담이 보장하는 어떠한 것보다도 뛰어난 것이다.

예수님은 자신의 힘을 어떻게 사용하셨는가?

그는 그 힘을 사랑하는 데 쓰셨다. 예수께서는 당신의 가장 은밀하고 가장 부끄러운 비밀들을 다 말할 수 있고, 그걸 다 말한 후에도 더할 나위 없이 안심할 수 있는 "마음이 신실한 자"셨다. 그는 여전히 그러하시다. 그리고 우리 역시 마음이 신실한 자가 될 수 있다(잠 11:13).

3. 두 번째 험담꾼: 불평꾼

잠언에서 "험담꾼"으로 흔히 번역되는 다른 히브리어 단어는 '니르간'(nirgan)이다.

예를 들어, "패역한 자는 다툼을 일으키고 말쟁이[nirgan]는 친한 벗을 이간하느니라"(잠 16:28)을 ESV 역본은 '니르간'을 일관되게 "소문을 퍼뜨리는 사람"으로 번역한다. 히브리어 사전들에 의하면 '니르간'은 "어떤 사람의 행동에 대해 공개적으로 불만을 제기하기보다 그 사람의 뒷전에서 그에 대해 투덜거리는" 사람이다.[6] '니르간'의 어근은 자신들의 장막에서 원망하던 이스라엘 백성들을 묘사할 때 사용된 단어와 같다(시 106:24-25

---

6   Gary V. Smith, "8087 רגן", *New International Dictionary of Old Testament Theology and Exegesis* (Grand Rapids: Zondervan, 1997) 3:1053.

를 보라).

이스라엘 백성들이 밖으로 나와 여호와께 직접 불만을 토로했던가?

아니다. 그들은 자신들의 장막 속에 숨은 채로 은밀한 중에 하나님에 대하여 투덜거렸다. (물론 하나님은 그들의 말을 다 들으셨다. 우리는 하나님의 뒷전에서 이야기할 수는 없다. 하지만 내가 의도한 바를 이해했으리라 믿는다.)

불평꾼은 늘 불평한다. 비판적이다.

화 나는 일이 있으면 다른 이들과 '더불어' 뒷전에서 다른 사람들 이야기를 한다. 우리는 이걸 '배출'(venting)이라며 완곡어법으로 표현하곤 한다. 그러나 이런 식의 이야기에는 아무런 건설적 목적이 없고, 그 이야기를 하는 당사자의 마음속에는 사랑이 없다. 그저 불평일 뿐이다.

지난 장에서 이야기한 리넷을 기억하는가?

그녀는 불평꾼이었다. 그녀와 그녀의 동료들은 불쾌한 경험들로 인해 자기들의 주임 교사를 좋아하지 않았고 그 주임 교사가 없을 때마다 그에 대해 이러쿵저러쿵 이야기하곤 했다. 나는 미국 내의 거의 모든 직장에서 그런 일이 일어나고 있을 거라 생각한다. 직장 뿐 아니라, 모든 가정, 모든 도시, 모든 학교 역시 마찬가지일 것이다. 우리 모두는 권위를 가진 사람들, 부모, 선생님, 그리고 정치인들에 대해 불평하길 좋아한다.

 질투

불평꾼들에게 질투는 가장 핵심적인 동기가 된다. 내 친구중 목사인 사람이 내가 험담에 대해 연구 중이라는 것을 알고는 모든 험담의 뿌리가 질투인지 물었다. 모두는 아닐지라도 그가 체험한 대부분의 험담은 질투하는 마음으로부터 나온 것처럼 여겨졌던 것이다.

일리 있는 말이지 않는가?

직장, 여자친구, 자동차, 행복 또는 무엇이든, 당신에게 없는 것을 어떤 이가 가지고 있어 그에 대해 질투가 난다면 그의 뒷전에서 투덜거리고 싶은 유혹을 받을 것이다.

내 교회 친구인 "제이슨"(Jason)이 내게 편지를 보내왔다.

> 12년쯤 전에, 우리 회사에서 나보다 더 쉬운 업무를 하고, 또 나보다 열심히 일하지도 않으면서도 돈을 더 많이 받는 사람들을 보고는 낙심이 되었어. 그래서 직장에서 많은 사람들에게 그러한 내 생각을 말하곤 했지.[7]

그리고는 어떻게 되었을까?

제이슨이 불평하던 사람들 중 둘이 제이슨과 더 이상 말을 하지 않기 시작했다. 복도에서 마주쳐도 인사조차 하지 않았다. 제이슨이 자기의 잘못을 인정하고 사과하고 상당한 시간이 흐른 뒤에야 그 관계들이 회복될 수 있었다. 성경도 이 부분에 대해서 이렇게 가르치고 있다.

> 패역한 자는 다툼을 일으키고 말쟁이[불평하는 니르간]는 친한 벗을 이간하느니라(잠 16:28).

---

7 필자가 받은 익명의 개인적 편지 (2011년 여름)

모든 상황에서 만족하기

불평에 대한 복음의 치유책은 만족과 감사이다. 뭔가를 원하는 것이 나쁜 일은 아니지만, 그 원함이 지나치면 우리가 노예가 된다. 그리스도인으로서 우리는 우리가 가진 것에 만족하는 마음을 길러야 하고 우리에게 주신 것들에 대해 감사하는 마음을 가져야 한다.

투덜거리며 험담하면 기분이 좋아지고, 심지어는 정당하고도 의로운 일을 한 것처럼 느껴지기도 한다. 하지만 좋은 일이 '아니다.' 그러나 만족하는 태도는 우리 기분을 더욱 좋아지게 한다. 만족이란 받은 복을 세어보는 것이고 예수 그리스도가 있다면 모든 것을 가진 것이라는 사실을 아는 것이다.

사도 바울은 만족이 무엇인지 잘 알고 있었다.

> 나는 비천에 처할 줄도 알고 풍부에 처할 줄도 알아 모든 일 곧 배부름과 배고픔과 풍부와 궁핍에도 처할 줄 아는 일체의 비결을 배웠노라(빌 4:12).

그의 만족의 비결이 무엇이었던가?
다음 절에서 그가 밝혔다.

> 내게 능력 주시는 자[그리스도] 안에서 내가 모든 것을 할 수 있느니라(빌 4:13).

바로 '그것'이 불평을 없앨 수 있다.

4. 세 번째 험담꾼: 등에 칼을 꽂는 자

등에 칼 꽂는 자 역시 불평꾼처럼 불만으로 가득하지만, 그의 마음은 더욱 화가 나있고 증오에 차있다. 등에 칼을 꽂는 험담은 복수나 보복, 그리고 정말 악의적인 짓을 결심한 마음에서 흘러나온다. 등에 칼을 꽂는 자는 자기가 험담하는 대상이 실제적인 고통을 경험하게 되기를 갈망한다.

등에 칼을 꽂는 자는 통상 거짓말을 퍼뜨리는 것으로 시작한다. 우리가 "조직적인 인신공격"이라 부르는 것이다. 혹은 어떤 사람에 대해 수치스러운 진실을 드러내어 그를 다치게 한다. 그러나 사랑은 다른 사람의 명예에 있는 결점을 덮어준다. 등에 칼을 꽂는 행위는 그 결점을 드러낼 뿐 아니라 바로 그 자리에 칼을 꽂는 것이다.

압살롬이 그런 사람이었다. 다윗왕의 아들인 그는 예루살렘 성문 곁에 앉아 자기 아버지의 리더십에 대해 불평했다(삼하 15장을 보라). 그는 재판을 청하러 온 이들에게 다윗 왕이 송사를 들을 사람을 충분히 세우지 않아 정의가 시행되지 않고 있다고 말했다. 압살롬은 이것을 다윗왕이 아닌 백성들에게만 말했다. 그는 그 왕국을 아버지로부터 탈취하고 싶어 했고, 거의 성공했다.

다윗왕은 여러 번 등에 칼이 꽂혔다.

이 책 1장에서 짧게 살펴보았듯, 시편 41편에서 그가 매우 아팠을 때 그의 대적들이 그에 대해 험담했던 것을 기억하지 않는가?

다윗은 말한다.

> 나의 원수가 내게 대하여 '악담하기를' 그가 어느 때에나 죽고 그

> 의 이름이 언제나 없어질까 하며… 나를 미워하는 자가 다 하나같이 내게 대하여 수군거리고 나를 해하려고 꾀하며 이르기를 악한 병이 그에게 들었으니 이제 그가 눕고 다시 일어나지 못하리라 하오며(시 41:5-8).

이것은 증오다. 그리고 이것은 배신이다.

> 내가 신뢰하여 내 떡을 나눠 먹던 나의 가까운 친구도 나를 대적하여 그의 발꿈치를 들었나이다(시 41:9).

다윗은 여기서 압살롬에 대해 말하는 것일까?
잘 모르겠다.

그러나 우리가 아는 것은 주 예수께서 최후의 만찬 자리에서 시편 41:9을 인용하며 가룟 유다를 가리켰다는 사실이다. 우리 주님께서도 배신당하는 것이 어떤 기분인지 잘 알고 계셨다.

등에 칼을 꽂기로 이어지는 악담은 사탄의 행동과 가장 닮아있기 때문에 가장 나쁜 종류의 험담이다. 증오심에 가득한 험담은 교회를 찢어놓는다. 고린도에서 바울은 이에 대항해 싸웠다(고후 12:20을 보라). 요한도 그의 교회에서 이 문제를 다뤘다(요삼 10을 보라).

* 악담은 암과 같다.
* 반드시 멈춰야 한다!

앙갚음

등에 칼을 꽂기의 주요 동기는 다양하다.

잠언 기자는 "사람의 마음에 있는 모략은 깊은 물 같으니라 그럴지라도 명철한 사람은 그것을 길어내느니라"(잠 20:5)고 말한다. 동기들은 애매모호해서 분간하기 어려울 때가 많지만, 그것들에 대해 찬찬히 생각해보면 우리가 뭔가를 할 때 그것을 하는 이유를 어느 정도는 알 수 있다.

뒤에서 찌르는 사람의 마음의 물병에 담긴 물은 많은 경우 복수의 물이다. 누군가에 의해 좌절을 경험했든지, 아니면 상처받고 다쳐서 지금 분노해있을 수 있다. 분노해있기 때문에, 자기가 당한 고통에 대해 누군가 대가를 치러야 한다고 생각한다. 험담은 앙갚음을 위한 기막힌 수단이 된다. 그 대상이 된 사람이 그걸 알아차린 후에는 이미 되돌릴 수 없는 상태가 되어 있다.

그러나 뒤에서 찌르는 자들은 조심해야 한다. 험담은 만족을 줄 수 없다.

늘 원하는 대로 작동하는 것도 아니다. 등에 칼 꽂기가 엉뚱한 결과를 낳을 때도 많다.

잠언의 지혜의 말씀을 들으라.

> 함정을 파는 자는 그것에 빠질 것이요 돌을 굴리는 자는 도리어 그것에 치이리라 거짓말 하는 자는 자기가 해한 자를 미워하고 아첨하는 입은 패망을 일으키느니라(잠 26:27-28).

등에 칼을 꽂는 자들에게 복음은 무엇이라 말할까?

단순히 "하지 마! 당장 멈춰! 증오하지 마!"라고만 하는 것은 아니다. 맞는 말이긴 하지만 그러한 말들은 마음 속 깊숙이 들어갈 수 없다. 뒤에서 찌르는 자들에게 복음은 "원수 갚는 것이 내게 있으니 내가 갚으리라고 주께서 말씀하시니라"(롬 12:19을 보라)고 말한다.

　누군가 우리에게 상처를 주었을 때 그 사람과 맞설 수 있다. 합당한 권위들에 대해서도 반발하고 분노할 수도 있다.

　그러나 우리는 보복해서는 안 된다. 원수 갚는 것은 하나님께 있다. 성경은 다음과 같이 말한다.

> 내 사랑하는 자들아 너희가 친히 원수를 갚지 말고 하나님의 진노하심에 맡기라 기록되었으되 원수 갚는 것이 내게 있으니 내가 갚으리라고 주께서 말씀하시니라 네 원수가 주리거든 먹이고 목마르거든 마시게 하라 그리함으로 네가 숯불을 그 머리에 쌓아 놓으리라 악에게 지지 말고 선으로 악을 이기라(롬 12:19-21).

　그리스도인만 선으로 악을 이길 수 있다. 모든 악은 십자가에서 또는 영원한 심판 날에 심판을 받을 것이다. 이 사실을 알 때 우리의 마음이 변화한다. 이 사실을 알 때 비로소 우리가 보복하지 않는 것이 가능해진다.

5. 네 번째 험담꾼: 카멜레온

　카멜레온은 험담에 동조하면서 무리 속에 끼려고 하는 사람이다. 어떤 사람이 내 블로그에 "제 생각엔 사람들이 그저 대화에 끼기 위해 험담을 하는 것 같아요. 어떤 사람에 대한 '재미있는' 뭔가를 알고 있으면 사람들의 주의를 끌 수 있으니까요"라는 답글을 남겼다.[8]

다시 말해, 안 하는 사람이 없으니, 나만 빠지거나 뒤처질 수는 없다는 것이다.

올무 벗어나기

카멜레온이 하는 험담의 주요 동기는 분노가 아니라 두려움이다.

카멜레온은 사람들이 원하는 험담을 하지 않으면 자기 동료들이 뭐라 생각할지, 뭐라 말할지, 어떻게 할지를 두려워한다. 무엇보다, 배제되는 것을 두려워하는 것이다.

이런 것들을 두려워하는 사람들을 비웃는 것은 쉽지만, 우리 자신이 이런 상황에 처하게 되면 그 압박감을 이겨내기가 무척 어렵다는 것을 발견하게 된다. 잠언은 말씀한다.

> 사람을 두려워하면 올무에 걸리게 되거니와 여호와를 의지하는
> 자는 안전하리라(잠 29:25).

카멜레온에게 중요한 것은 여호와를 의지하는 것, 아니, 그를 두려워하는 것이다.

주 예수께서는 말씀하셨다.

---

[8] 필자의 블로그 *Hot Orthodoxy*에 올린 "Gossip Game #3-The Big Mo"라는 글에 대한 익명의 답글 (2011년 5월 19일). 링크: http://matt-mitchell.blogspot.ca/2011/05/gossip-game-3-big-mo.html?showComment=1305824149847#c2572334793404717719. (최종 접속일: 2011년 8월 9일)

> 내가 내 친구 너희에게 말하노니 몸을 죽이고 그 후에는 능히 더 못하는 자들을 두려워하지 말라 마땅히 두려워할 자를 내가 너희에게 보이리니 곧 죽인 후에 또한 지옥에 던져 넣는 권세 있는 그를 두려워하라 내가 참으로 너희에게 이르노니 그를 두려워하라 (눅 12:4-5).

사람을 두려워하는 마음은 하나님을 두려워하는 것으로만 해결할 수 있다.
하지만 굴종적인 두려움이 아니다.
예수께서는 계속하여 말씀하신다.

> 참새 다섯 마리가 두 앗사리온에 팔리는 것이 아니냐 그러나 하나님 앞에는 그 하나도 잊어버리시는 바 되지 아니하는도다 너희에게는 심지어 머리털까지도 다 세신 바 되었나니 두려워하지 말라 너희는 많은 참새보다 더 귀하니라 (잠 12:6-7).

하나님을 두려워하는 이에게는 평강과 위로를 주신다.
카멜레온 같은 사람이 교사 휴게실에서 리넷과 어울리고 있다고 상상해 보라. 그녀는 동료 교사들로부터 배제되는 것이 두려워 항상 험담에 참여해왔다. 그러나 그녀의 마음이 점점 더 하나님의 성품으로 가득하기 시작했다고 상상해보자. 그의 거룩하심, 전능하심, 신실하심, 위대하심 말이다. 그리고 그녀가 자기 머리카락까지 다 세신바 되었을 정도로 하나님이 그녀를 사랑하신다는 것을 스스로에게 계속 상기시킨다고 상상해보자.
하나님이 그녀의 정신과 마음에 그렇게 조용히 나타나시면, 동료들의 의견이나 언짢은 듯한 말들이 그다지 중요하지 않게 생각되고, 카멜레온은 비로소 그리스도를 따르는 자로 드러나게 될 것이다.

6. 다섯 번째 험담꾼: 참견꾼

참견꾼은 빈둥거리고, 목적이 있는 어떤 일을 하지 않고, 언제나 재미만 추구하며 사는 사람이다. 그는 자극적 소재로 사람들의 주목을 받기 위해, 그리고 다른 사람 이야기들을 통해 인생을 대리 만족하며 살기 위해 험담을 한다. 참견꾼은 다른 사람들 일에 간섭한다.

바울은 말한다.

> 도무지 일하지 아니하고 일을 만들기만 하는 자들이 있다 하니
> (살후 3:11).

우리는 쉽게 이런 식의 행동으로 빠진다.

디모데전서 5장에서 바울은 디모데에게 과부들에 관하여 어떻게 행동해야 할지를 가르쳤다. 에베소교회는 교회가 돕던 일련의 과부들이 있었다. 과부들이 교회로부터 도움을 받기 위해서는 어떤 자격이 되어야 했다. 대부분의 자격은 경건에 관한 것이었지만, 교회의 지원을 받는 과부의 명단에 들기 위해서는 나이가 많은 것이 유리했다. 너무 젊은 나이에 교회의 지원을 받는 과부 명단에 들어간 과부들은 특정한 유혹에 대해 취약했기 때문이었다. 바울은 디모데에게 말했다.

> 또 그들은 게으름을 익혀 집집으로 돌아다니고 게으를 뿐 아니라 쓸데없는 말을 하며 일을 만들며 마땅히 아니할 말을 하나니
> (딤전 5:13).

한 가지 확실히 해둘 것이 있다.

이러한 행동은 여자들만 하는 것이 '아니'라는 사실이다! 여자들이 본래 더욱 관계 중심적인 데다 전형적인 험담으로 이어질만한 것들에 관심이 많기 때문에, 남자들보다는 여자들이 험담을 많이 한다는 비판을 받는다. 그러나 험담은 남자나 여자에게 동일한 죄이다. 데살로니가에서 바울이 만났던 참견꾼들에는 무직 상태의 '남자들'도 포함되어 있었다(살후 3:6-14을 보라). 생산적이고, 목적이 있으며 경건한 활동에 종사하지 않는다면 우리 모두는 험담이나 일삼는 참견꾼으로 전락하기 쉽다.

참견꾼이 되면 많은 문제가 생기는데, 특히 사람들 간의 싸움에 관여하기 시작할 때 그러하다. 잠언은 말씀한다.

> 길로 지나가다가 자기와 상관없는 다툼을 간섭하는 자는 개의 귀를 잡는 자와 같으니라(잠 26:17).

나는 우리 동네의 덩치 크고 사나운 개의 귀를 잡지 않을 것이다.

그러니 내가 왜 다른 사람의 문제에 내 자신, 그리고 그들이 묻지도 않은 내 의견을 끌어들이겠는가?

나는 그런 일 말고도 해야 할 중요한 일들이 있다.

👉 심심함으로부터의 탈출

가십거리를 다루는 칼럼들, 텔레비전 프로그램들, 그리고 요즘 인기 있는 연예인들에 대한 가십 블로그들에 이르기까지, 우리 문화가 험담을 부추긴다. 험담은 연예계에서 비중이 크다. 연예 산업은 지루함으로부터 도망치고 싶은 대중의 욕망을 이용했다. 별달리 할 일이 없기 때문에 다른 사람에 대해 이러쿵저러쿵 이야기하는 것으로 일을 삼는 것이다.

당신은 안 그런가?

나도 심심할 때면 참견꾼이 되곤 한다. 인정하긴 싫지만, 청소년 시절에 나는 텔레비전 드라마에 중독되었다. 방과 후에 신문 배달을 하기 전에 '종합병원(General Hospital: 1968년부터 미국 ABC 방송국에서 제작해온 의학 드라마-역주)'을 반드시 봐야만 했다.

나쁜 이야기들로 악한 욕망을 채우려는 것이 아니면 그게 뭐란 말인가?

우리는 그것을 합리화한다.

"악의적인 험담은 아니잖아"라고 주장한다.

맞는 말이다.

그렇지만, 그건 '사랑'도 아니지 않은가?

악의적인 말뿐 아니라, 우리가 한 모든 "무익한" 말(마 12:36)에 대해 심문을 받으리라고 주 예수께서 말씀하신 것을 기억하라.

내 자신에게 최근에 선포하기 시작한 새 표어가 하나 있다.

'내 자신의 재미를 위해 세상 사람들을 바보로 만들지 않겠다.'

받아들이기 쉽지 않은 표어이다. 우리는 사람들이 저지르는 바보 같고 부끄러운 일들에 대해 말하는 걸 좋아한다. 다른 사람들이 한 어리석은 짓을 조롱하는 일만 하는 곳들은 인터넷에 넘쳐난다.

TV에서 하는 "리얼리티" 쇼들이 하는 일이 사실 그것 아닌가?

다른 이들이 얼마나 멍청한지 보면서 우리는 우리 자신에 대해 안도한다.

그러나 하나님은 사람들을 그런 식으로 다루시는 것이 아니다. 하나님은 사람들을 사랑하시고 받을 자격이 없는 이들에게 넘치도록 자비를 베푸신다. 하나님은 나를 사랑하시지만 나는 어리석은 자였다. 그러나 하나님은 사랑으로 그의 아들을 보내어 어리석은 자들을 지혜롭게 만드셨다.

지루함으로부터 벗어나는 "복음적 탈출법"은 타인을 향해 적극적인 사랑, 적극적인 섬김, 그리고 적극적인 자비를 베푸는 것이다. 조금이라도 받을 자격이 없는 사람들에게도 말이다. 바울은 젊은 과부들에게 결혼하여 자녀를 가지라고 말한다(딤전 5:14를 보라). 결혼과 어머니 됨이 험담을 치료하는 해독제는 아니지만, 게으름에 대한 해독제는 충분히 되고도 남는다!

바울은 데살로니가 교회 안의 참견꾼들에게 일할 것을 명했고, 일하기 싫거든 먹지도 말라 하였다. 그리고 교회의 다른 이들은 그들에게 권면하고 그들과 사귀지 말라고 하였다(살후 3:10-15, 살전 5:14을 보라).

우리가 사랑으로 다른 사람들에게 다가가면 우리 삶은 결코 지루해지지 않는다. 피곤할 수는 있을 것이다. 그러나 결코 지루해질 수는 없다.

당신이 만나는 사람들

스파이, 불평꾼, 등에 칼을 꽂는 자, 카멜레온, 그리고 참견꾼.

바로 이들이 우리가 동네에서 마주치는 사람들이다.

이들을 알아보겠는가?

이 모든 이들을 언젠가는 마주쳤을 것이고, 또한 우리 자신 역시 그들 중 대부분이 되어봤을 것이다! 겉으로 보이는 그들의 행동은 서로 다를 수 있으나 그들의 마음의 중심은 똑같다. 그들 모두 사탄이 만들어낸 거짓말을 믿는 마음, 안 좋은 이야기를 즐기는 마음, 하나님이 아닌 다른 것을 섬기는 마음에 의해 움직여지는 것이다. 그들은 모든 것을 타락시켰다.

그들은 하나님을 사랑하고 이웃을 사랑하는 데가 아니라 자기 자신을 이기적으로 섬기는 데 언어를 사용한다(눅 10:27을 보라).

그러나 은혜가 풍성한 우리 하나님은 그들 각각의 마음에 삶을 바꾸는 복음의 진리로 말씀하시고, 바로 지금 우리 각자에게도 말씀하신다(히 3:7-13을 보라).

우리는 그의 말씀을 듣고 있는가?

7. 미리 보기

이제 우리는 제 2부에서 험담에 저항하는 구체적인 방법들에 대해 논할 것이다. 그것의 첫 단계는 또 다른 한 종류의 험담꾼을 인식하는 것인데, 슬프게도 이 자는 우리 모두의 안에 살고 있다. 바로, 재판관이다.

8. 그룹 토의를 위한 질문들

1) 제3장에서는, 성경에서 등장하는 험담이라는 말은, 동사로서보다는 험담을 하는 사람 그 자체를 의미할 때가 많다는 것을 다루었다.

어떻게 그러한가?

왜 이것을 이해하는 것이 중요한가?

_____

_____

_____

2) 험담꾼의 다섯 종류중 당신이 가장 되기 쉬운 것은 무엇인가? "당신의 동네에서" 최근에 맞닥뜨린 험담꾼의 종류는 무엇이었는가?(주의: 어떻게 험담에 저항할 것인지를 논하면서 다른 사람에 대해 험담하지 말 것!)

_____

_____

_____

3) 잠언 20:5를 읽으라. 다음 험담꾼들 중 두세 개를 골라 그들의 마음 속 동기에 대해 이야기를 나누라. 추가하고 싶은 동기들이 있다면 이야기해보라.

　① 스파이: 힘에 대한 갈망 _____

　② 불평꾼: 질투 _____

　③ 등에 칼을 꽂는 자: 복수하고자 하는 욕망 _____

　④ 카멜레온: 사람에 대한 두려움 _____

　⑤ 참견꾼: 지루함으로부터의 탈출 _____

4) 위의 목록에서 각각의 사로잡힌 마음에게 말씀하시는 성경의 진리가 다음에 나열되어 있다. 추가하고 싶은 복음의 진리들이 있다면 이야기해보라.

① 스파이: 에베소서 1:18-21 _____
② 불평꾼: 빌립보서 4:12-13 _____
③ 등에 칼을 꽂는 자: 로마서 12:19-21 _____
④ 카멜레온: 잠언 29:25, 누가복음 12:4-7 _____
⑤ 참견꾼: 데살로니가후서 3:10-15 _____

5) 변화는 자동적으로 일어나는 것이 아니다. 성경 구절을 읽는다고 해서 우리 마음이 고쳐지지는 않는다.
우리가 배운 진리들을 하나님이 사용하셔서 우리를 변화시킬 수 있도록 그 진리들을 어떻게 내면화할 수 있겠는가?
이번 주에 이를 위해 당신은 무엇을 할 것인가?

_____
_____
_____

제2부 험담과 싸우기

제4장 최고를 믿고 기대하기
▶ 관대한 판단이 험담을 없앤다

제5장 험담의 대안: 직접 말하기
▶ 험담을 벗고 덕을 세우는 말을 하라

제6장 험담의 대안: 듣기
▶ 험담을 만난다면 어떻게 할 것인가?

제4장

최고를 믿고 기대하기
- 관대한 판단이 험담을 없앤다 -

> 입법자와 재판관은 오직 한 분이시니
> 능히 구원하기도 하시며 멸하기도 하시느니라
> 너는 누구이기에 이웃을 판단하느냐(약 4:12).

얼마나 부끄러웠던지!

전화를 끊고는, 엄청난 수치감으로 빨개진 얼굴을 도저히 들 수 없었다. 내가 그런 일을 했다는 걸 믿을 수 없었다.

험담과 싸우는 것에 대한 책을 쓰는 사람이 아니었던가?

그런데 '내가 도대체 무슨 일을 저지른 걸까?'

30분 전에 "에단"(Ethan)이라는 남자에게서 전화를 받았다. 아주 오래 전에 알게 되긴 했지만 이후 오랫동안 만나지 못했던 사람이었다. 그는 새 여자 친구와의 관계에서 어려움을 겪고 있었고 목회자로부터 상담을 받고 싶어 했다. 통화하면서 도와주려고 했지만, 솔직히 말해 두 사람에게는 이 사태를 해결할 능력이 없어보였다. 현재의 어려운 상황에 이르기까지 이

둘은 어리석은 선택을 너무 많이 한 것 같았다. 결혼 전에 동거를 시작한 것부터가 그랬다.

그러나 그들은 동거를 시작하지 '않았다.' 그건 그저 내 짐작일 뿐이었다.

두 사람의 관계에 있어 동거하는 것이 문제라는 식으로 내가 말했을 때, 수화기 저편에서 어색한 침묵이 흘렀다.

"목사님," 에단이 단언했다.

"저희는 동거하고 있지 않습니다! 저는 그런 거 하고 싶지 않아요."

그리고는 자신이 여자 친구와 정숙하고도 흠이 없는 관계를 유지하기 위해 매일 얼마나 노력하고 있는지 설명하기 시작했다. 위에서 말했듯, 정말로 부끄러웠다.

"미안해요, 에단."

"괜찮아요, 목사님. 다른 사람들도 아마 그런 식으로 생각할거예요. 요즘 같은 세상에서는 어쩔 수 없죠."

"정말로 미안해요, 에단. 넘겨짚지 말았어야 했는데."

최악이었던 건, 세 번째로 사과의 말을 한 후 전화를 끊고는, 내가 그동안 에단과 그의 여자 친구가 동거를 한다는 잘못된 정보를 흘렸던 사람들의 이름을 하나하나 마음속으로 떠올렸을 때였다.

험담이었다.

1. 악한 판단

다는 아니더라도 대부분의 악한 험담에는 타인을 판단하는 죄가 들어 있다. 우리가 악한 험담을 할 때는, 우리가 가서 다른 이의 등 뒤에서 안 좋은 이야기를 퍼뜨리기도 전에, 우리의 악한 마음이 이미 그 사람에 대해 판결을 내린 것이다. 이것은 우리가 어떤 종류의 험담꾼이건 상관없이 사실이다.

스파이들은 사람들로 하여금 다른 이들을 정죄하게끔 유도한 뒤에 그들로부터 비밀을 알아내려고 한다.

불평꾼들은 자기가 험담하는 그 대상이 분명히 잘못하고 있으므로 그 사람에 대해 불만을 이야기하는 것은 당연하며 더욱 강력한 비난도 마땅하다고 마음에 결정을 내린 사람들이다.

등에 칼을 꽂는 자들은 자신의 판단이 옳다고 확신하고 자기 먹잇감은 보복을 당해 마땅하다고 생각한다.

카멜레온들은 다른 사람들을 판단하는 이야기들을 가만히 듣기만 하고 앙갚음을 당할까봐 두려워서 맞서지 못한다.

참견꾼들은 지루함으로부터 탈출하기 위해 자기 친구들에게 다른 사람들에 대해 재미는 있지만 정죄하는 말들을 한다. 참견꾼들은 그들이 판단하는 사람들에 대해 낄낄거리며 "멍청한 사람들 같으니라고"하며 조롱한다.

야고보서는 악한 판단과 악한 험담이 연결되어 있음을 보여준다.

> 형제들아 서로 비방하지 말라 형제를 비방하는 자나 형제를 판단하는 자는 곧 율법을 비방하고 율법을 판단하는 것이라 네가 만일 율법을 판단하면 율법의 준행자가 아니요 재판관이로다 입법자와 재판관은 오직 한 분이시니 능히 구원하기도 하시며 멸하기도 하시느니라 너는 누구이기에 이웃을 판단하느냐(약 4:11-12).

험담을 멈추라

야고보서 4:11에서 "비방"으로 번역된 그리스어 단어는 '카탈랄레오'(katalaleo)인데, "비방"이 의미하는 바인 악의적인 마음으로 타인에 대해 거짓말하는 것보다 더한 뜻이 들어있다. 카탈랄레오는 '누군가를 대적하여 말하는 것', '헐뜯는 것', '그를 욕하는 것', '경멸하는 것', 그리고 언어를 사용하여 상대방을 깎아내리는 것을 의미한다. 더 오래된 역본들에서는 야고보서 4:11을 "형제들아 서로 욕하지 말라"(KJV)로 번역했다.

팀 켈러(Tim Keller)나 데이빗 폴리슨(David Powlison)같은 저자들은 이렇게 말한다.

> [카탈랄레오는] 거짓 소문이 아니라 '대적하는 소문'이다. 목적은 다른 사람을 무시하는 것이다. 경멸을 쏟아붓는 것이다. 조롱하고 상처 주고 해하고 파괴하는 것이며, 성취된 악 속에서 기뻐하는 것이다.[1]

악한 험담과 매우 비슷하게 들리지 않는가?

카탈랄레오는 로마서 1:30 및 고린도후서 12:20에서 험담이라는 의미의 핵심적 그리스어 단어인 프시뚜리스모스(psithurismos) 바로 옆에 나온다. 카탈랄레오는 다른 사람에 대해 악의적으로 말하는 것(종종 비밀스러운 형태를 취한다)을 의미하는 상위 범주이고, 험담 그 자체는 그 단어의 하위 범주로서 '카탈랄레오(katalaleo)하다', 또는 '어떤 사람의 뒷전에서 그

---

[1] 저스틴 테일러(Justin Taylor)의 블로그인 *Between Two Worlds*에 2008년 8월 4일자로 실린 티모시 켈러(Timothy Keller)와 데이빗 폴리슨(David Powlision)의 글 "Should You Pass on Bad Reports?"링크: http://www.thegospelcoalition.org/blogs/justintaylor/2008/08/04/keller-and-powlison-should-you-pass-on/. (최종 접속일: 2011년 6월 30일)

에 대해 비방한다'는 의미이다.

야고보는 카탈랄레오(katalaleo)를 악한 판단과 연결시킨다.

위에서 우리가 읽었듯, "형제들아 서로 비방하지(깎아내리지, 경멸하지, 험담하지) 말라"고 말한다.

왜일까?

형제를 비방(카탈랄레오가 다시 쓰임)하는 자나 '형제를 판단'하는 자는 곧 율법을 비방하고 율법을 판단하는 것이기 때문이다. 야고보는 우리가 이런 식으로 누군가를 비방하는 것은 그를 악하게 판단하는 것이라 말한다.

내가 '악하게' 판단이라 말한 것은, 사실 모든 수다가 악한 험담은 아니듯, 모든 판단이 악한 것은 아니기 때문이다. 우리가 다른 이들에 대해 판단을 내려야 할 때도 있고, 그들의 성품이나 신뢰할 수 있는 정도를 평가해야 할 때도 있다.

작가 켄 산데(Ken Sande)는 "판단은 필요하나 위험한 것이다"라 말했다.[2]

하지만 악한 험담으로 인도하는 불필요한 종류의 판단도 존재한다. 바로 예수께서 "비판을 받지 아니하려거든 비판하지 말라"(마 7:1)라고 말씀하셨을 때 의미하신 것이 그것이다. 이러한 판단을 우리는 "비판적" 판단이라 부르는데, 그것은 사실 일종의 태도이기 때문이다. 그것은 남을 정죄하고 매우 비판적인 마음의 성향이다.

판단에 있어 우리는 어떤 잘못을 범하고 있는가?

대표적인 세 가지를 살펴보자.

---

[2] 켄 산데(Ken Sande), "타인을 판단하는 죄"(Judging Others: The Danger of Playing God) 「Journal of Biblical Counseling」, 2002년 가을, 12. 이 글은 관대한 판단(charitable judgment)으로 악한 판단(sinful judging)을 이기는 법에 대한 기초를 배울 수 있는 가장 좋은 글 중의 하나이다.

2. 첫 번째: 성급히 판단함

나는 에단의 상황에 관한 모든 사실들에 대해 알기 전에 이미 그에 대해 결론을 내려버렸다. 그렇게 하기가 참으로 쉽다.

잠언은 말한다.

> 사연을 듣기 전에 대답하는 자는 미련하여 욕을 당하느니라
> (잠 18:13).

에단과 관련하여 나는 정말로 내 자신이 수치스러웠고 바보가 된 것처럼 느꼈다. 나는 "굴러들어온 행운 발로 차버리기"나 "성급한 결론으로 점프해서 뛰어들기"로 내 운동량을 다 채운다며 농담을 하곤 한다.

그러나 농담을 제쳐놓고, 그리스도를 따르는 사람들이 성급한 결론으로 치달아선 안된다는 것을 꼭 기억해야 한다.

 한 쪽 이야기만 듣는 것

대부분의 험담은 어떤 이야기의 한쪽 면만 전달한다.

서부 지역에서 사역하는 한 목회자가 자신이 섬기는 교회 안에서의 험담 문제에 대해 내게 편지를 보내왔다. 그 교회는 서로 간의 연대감이 두터운 공동체였는데, 어느 주일에 한 여성이 일어나 젊은 아가씨(에밀리〔Emily〕)를 위해 기도할 것을 요청했다.

그녀의 말에 의하면 에밀리가 부모님에 의해 집에서 쫓겨났고, 절망에 빠진 그녀는 어쩔 수 없이 자기 남자 친구와 동거를 시작하게 되었다는 것

이었다. 모든 성도들이 에밀리를 불쌍하게 여겼고 그녀를 위해 기도하기 시작했다. 하지만 그게 이야기의 전부가 아니었다.

잠언은 말한다.

> 송사에서는 먼저 온 사람의 말이 바른 것 같으나 그의 상대자가 와서 밝히느니라(잠 18:17).

그럼에도 우리는 "글쎄요, 판단을 내리기 위해 '한없이' 기다리거나 '모든 사람들'과 다 이야기해볼 수는 없는 노릇이죠"라고 말한다.

하지만 우린 그렇게 할 수 있다.

더 많은 객관적 사실을 알게 될 때까지 '판단을 유보'하면 된다. 또는 같은 이야기의 다른 면에 대해 듣기 전까지는 적어도 임시적인 판단만 내리는 것도 가능하다. 우리가 해당 문제에 직접적으로 관여하고 있지 않아 객관적인 사실들을 더 알지 못한다 해도, 대부분 우리는 전체 이야기를 모르고도 살아갈 수 있다.

에밀리의 경우 사실은 그녀가 남자 친구와 동거하기 위해 집을 나갔던 것이고, 고등학교 3학년인 에밀리는 이미 성년이었기 때문에 그녀의 아버지는 아무런 법적 조치를 취할 수 없었다는 것이다. 그녀의 아버지는 간절히 딸을 다시 찾기 원했고, 그러한 상황들로 인해 깊이 슬퍼하고 있었다.

그 목회자가 이렇게 썼다.

> 좋은 뜻을 가지고 기도를 요청했던 그 여성은 자기 며느리에게 속았던 거랍니다. 그 며느리가 이 열여덟 살짜리 여자애가 가출하는 걸 도왔고, 그렇게 터무니없는 거짓말을 만들어내어 그 여자

애가 "망신을 당하지 않도록" 도왔다는 겁니다. 저희 교회 성도들은 제가 더 자세한 내막을 안 후 그 거짓말의 정체를 드러내기도 전에 이미 그 이야기를 퍼뜨렸고, 모두가 인정하던 진실한 평신도 리더였던 그 아버지에 대해 지금은 수십 명 아니 수백 명이 오해를 하고 있는 상황입니다. 당연히, 거짓 혐의는 그에게 씻을 수 없는 상처를 안겼고, 가능할지는 모르겠지만, 회복하기까지는 긴 시간이 걸릴 겁니다. 저와 그 여성은 교회 성도들에게 그 이야기는 거짓이라고 얘기했습니다만, 이미 그 아버지는 이미 피해를 입었죠. 불이 나서 진화할 수 없는 상황이 된 겁니다. [에밀리도] 이제 동일한 거짓말에 걸려들어서 집으로 돌아오기가 훨씬 더 어려워졌습니다.[3]

판단을 내리기 전에, 양편의 이야기를 모두 들으라.

출처를 고려하지 않는 것

풍문과 얻어 들은 정보는 최대한으로 조심해서 다뤄야 한다. 자기가 들은 이야기의 틈새를 어림짐작과 추측으로 채우면 금방 문제가 생기게 된다. 의심이 가는 정보 출처는 고온 우라늄처럼 다뤄야 한다.

예를 들어, 제목에 '전달'(Fwd)이라는 표시가 붙은 채로 이메일 받은편지함에 들어오는 것들은 모두 조심해야 한다. 인터넷에 올라온 것들이라고 해서 모두 진실인 것은 아니다.

---

3 필자가 받은 익명의 이메일 (2010년 8월 31일)

물론 그것들이 명백해 보이는 것은 맞다.

하지만 좋은 뜻으로 한다고 하는 사람들이 얼마나 자주 익명 이메일이나 가짜 이메일에서 뭔가를 읽고는 그것에 속아 곧이곧대로 믿은 채 그 정보를 다른 이들에게 퍼뜨려왔던가?

잠언은 말한다.

> 어리석은 자는 온갖 말을 믿으나 슬기로운 자는 자기의 행동을 삼가느니라(잠 14:15).

듣는 말을 모두 믿지는 말라!

👉 동기를 짐짓 가정해버리는 것

우리는 독심술사(讀心術師, mind-reader)가 아니다. 우리는 다른 사람들의 마음속을 들여다볼 수 없고 그들의 마음이 어떻게 작동하는지 알 수 없다. 그 일은 하나님만 하실 수 있다(삼상 16:7을 보라). 그러므로 우리는 할 수 있는 한 항상, 다른 사람들의 동기에 대해 최악이 아닌 최선을 가정해야 한다. 당사자가 직접 자신의 동기가 무엇인지 말해주거나 "반복되는 명백한 사실들로 인해 모든 것이 확실해져서 다른 합리적인 결론에는 이를 수 없을 때"[4]가 아니라면, 우리는 최선을 가정해야 한다.

이스라엘은 동기를 짐짓 가정하다가 내전에 빠질 뻔한 적이 있다. 여호수아 22장에서 이스라엘이 최종적으로 승리하고 그들의 모든 대적으로

---

4 켄 산데(Ken Sande), "타인을 판단하는 죄", 17.

부터 안식을 얻은 후에 르우벤, 갓, 그리고 므낫세 지파가 강 건너편에 있는 이전에 그들이 합의했던 길르앗 땅의 장막으로 돌아갔다. 그리고 난후 그들이 했던 일은 요단 가에 "보기에 큰 제단"을 쌓은 것이었다(잠 22:10을 보라).

그러자 나머지 지파들이 실로에 모여 그들과 싸우러 가고자 했다.

왜였을까?

그들은 요단 저편의 지파들이 그들만의 제사 제도를 만들어 이스라엘의 제사 제도에 대항하는 것이라 가정을 한 것이었다. 이스라엘은 과거에 이미 잘못된 제사로 인한 하나님의 고통스러운 징계를 경험한 바 있었다. 얼마 지나지도 않았는데 또 다시 그런 일을 겪고 싶지는 않았던 것이다.

다행히도 그들은 먼저 한 무리의 사람들을 강 건너편으로 보내 외교적인 방법으로 요단 저편 지파들이 하고자 하는 일을 막으려 했다. 그리고 그 격렬했던 담판에서 르우벤, 갓, 므낫세 지파가 제단을 쌓은 것은 단지 강 양 편의 지파들이 한 여호와를 섬긴다는 것의 증거로 삼기 위한 것이었다는 것이 밝혀졌다! 그들의 진정한 동기가 밝혀졌을 때 재앙을 막을 수 있었다.

'당신이' 지금 험담을 하고자 하는 상황은 어떤 것인가?

당사자들의 진정한 마음의 동기들을 알고 있는가?

명백해 '보일 때'도 있긴 하다. 여호수아 22장에서도 강가에 거대한 제단이 서지 않았던가! 하지만 보이는 것이 전부가 아닐 수도 있다.

 **눈가리고 아웅해야 하는가?**

다른 이들의 동기에 대해 항상 최선의 것을 가정하고 믿는 것은 우리가

모래에 머리를 처박고는 어떠한 나쁜 일도 일어나지 않는 척 하는 것이 아니다. 우리는 죄를 죄라고 지적해야 한다. 하지만 동시에 우리는 사람들에 대한 희망을 가지고 그들에 대해 최악의 상황을 가정하지 말아야 한다. 악한 판단의 중심에 놓인 것이 바로 사람들에 대해 최악을 가정하는 것이다.

그리스도인으로서, 사람에 대해 최악을 가정하는 것이 더 합당하게 느껴질 수 있다. 우리는 죄에 대한 교리를 알고 있고, 또한 사람들이 악한 동기로 악한 일을 행할 때가 많기 때문이다. 하지만 그리스도인으로서 우리는 사람들에 대해 희망을 가지고, 우리가 그렇게 해야만 하는 상황이 오기 전까지는 그들의 동기를 악한 것으로 규정하지 말아야 한다. 성경은 다음과 같이 말씀한다.

> 때가 이르기 전 곧 주께서 오시기까지 아무 것도 판단하지 말라 그가 어둠에 감추인 것들을 드러내고 마음의 뜻을 나타내시리니 (고전 4:5).

주님이 오실 때까지 기다리자.

우리가 다른 이들을 판단하는 데 느리고 우리의 판단을 다른 이들에게 퍼뜨리는 일을 멈춘다면 험담이 얼마나 많이 줄어들겠는가?

3. 교만한 판단

더 나쁜 것이 있다. 악한 판단과 관련한 우리의 문제는 그저 성급하게 판단하는 것보다 더욱 깊다. 야고보는 이러한 우리의 깊은 문제를 교만으로 규정한다.

그는 말한다.

> 형제를 비방하는 자나 형제를 판단하는 자는 곧 율법을 비방하고 율법을 판단하는 것이라 네가 만일 율법을 판단하면 율법의 준행자가 아니요 재판관이로다(약 4:11).

문맥을 설명하자면, 야고보가 말하는 율법은 사랑의 율법, 즉 하나님께서 그의 백성을 불러 순종하도록 하시는 자비의 최고의 법이다(약 2:8을 보라). 그런데 당신이나 내가 다른 이를 악하게 판단하면 사실상 우리는 우리가 율법 위에 있다고 주장하는 것이다. 율법은 우리에게 적용되지 않으며 우리가 '율법을' 판단할 수도 있다고 주장하는 것이다. 하지만 그렇게 될 수 없다.

야고보는 계속해서 말한다.

> 입법자와 재판관은 오직 한 분이시니 능히 구원하기도 하시며 멸하기도 하시느니라 너는 누구이기에 이웃을 판단하느냐(약 4:12).

우리가 다른 이들을 악하게 판단할 때, 우리는 본질적으로 하나님 행세를 하는 것이다.

도대체 우리가 누구이길래 그런 행동을 하는가?

👉 **이게 내 자리인가?**

주께서는 우리가 다른 이들을 섬기는 자가 되라고 부르시나 우리는 마치 다른 이들의 재판관처럼 행세하고픈 유혹에 빠진다. 그래서 그러한 상황에 들어가게 될 때에는 우리는 지속적으로 우리 자신에게 다음 질문들을 던져야 한다.

* 이게 내 자리인가?
* 이게 내 일인가?
* 내가 이 상황에 연루되어 있는가? 어떻게 연결되어 있는가?
* 이 사람을 판단하는 것이 나의 소명이고 나의 책임인가?

대답이 '아니오'라면 그만 둬야한다.

물론, 살다보면 일시적으로 재판관 역할을 해야만 하는 자리에 처할 수 있다. 부모들, 교사들, 코치 및 교회 지도자들은 때로는 재판관 역할을 해야 한다. 이 세상 대부분 권위자의 지위에는 뭔가를 판결해야 하는 제한된 책임이 주어진다.

그러나 그러한 지위에 있을 때에라도, 우리는 재판관으로서 '섬기는' 것이지, 하나님 행세를 하며 자기만의 기준을 만들고는 우리는 다른 사람들이 하는 그런 짓은 '절대로' 하지 않는 것처럼 해서는 안 된다. 판단하는 행위의 최악의 형태가 바로 이러한 것인데, 우리가 사람들이 하는 것 같은 잘못, 그들이 행한 어리석은 짓, 하나하나 정죄 받아 마땅한 그런 행위들은 절대 범치 않는 것처럼 행동하는 것이다.

그러나 하나님은 다 알고 계신다.

주 예수께서는 우리가 판단하고 싶어 하는 그 사람들에게 적용하는 기준을 똑같이 우리 자신에게 적용하라 말씀하신다. 하나님께서는 그렇게 하실 것이기 때문이다.

> 비판을 받지 아니하려거든 비판하지 말라 너희가 비판하는 그 비판으로 너희가 비판을 받을 것이요 너희가 헤아리는 그 헤아림으로 너희가 헤아림을 받을 것이니라 어찌하여 형제의 눈 속에 있는 티는 보고 네 눈 속에 있는 들보는 깨닫지 못하느냐 보라 네 눈 속에 들보가 있는데 어찌하여 형제에게 말하기를 나로 네 눈 속에 있는 티를 빼게 하라 하겠느냐 외식하는 자여 먼저 네 눈 속에서 들보를 빼어라 그 후에야 밝히 보고 형제의 눈 속에서 티를 빼리라(마 7:1-5).

이 본문을 볼 때마다 "바보 삼총사"(The Three Stooges: 1938년에 제작된 코미디 영화. 2012년에 다시 제작됨―역주)가 생각난다. 예수께서 모(Moe) 눈에 전신주가 꽂혀 있다고 말씀하시지만, 모는 래리(Larry)의 눈에서 티끌을 꺼내주려고만 한다! 그러다가 결국 누군가는 나가떨어지고 말 것이다.

우리가 대담하게도 하나님 행세를 할 때 그런 일이 일어난다. 성급하게 판단을 내리면서, 우리는 실제로 그렇지 않음에도 우리 스스로가 모든 것을 알고 있는 것처럼 행동한다. 교만한 판단을 내리면서, 우리는 절대 그렇지 않음에도 우리가 완벽하게 객관적인 것처럼 행동한다!

다른 이들을 판단하는 것과 똑같은 식으로

공화당은 민주당의 잘못을 비판하지만 자기 당의 문제점에 대해서는 눈을 감아버릴 때가 너무나 많다. 물론 민주당도 마찬가지이다. 민주당은 모든 일에 있어 공화당의 잘못을 지적하지만 자기 당은 비판하지 않는다. 자기 스스로가 높아져서 다른 이가 뭘 잘못했는지 지적하고 결정을 내리는 것은 교만이다. 우리 모두는 이런 식으로 행동하기가 쉽다.

이런 경우에 예수님의 황금 "법칙"의 가치가 드러난다.

주님께서는 이렇게 말씀하셨다.

> 그러므로 무엇이든지 남에게 대접을 받고자 하는 대로 너희도 남을 대접하라 이것이 율법이요 선지자니라(마 7:12).

이 명령 앞에서 우리는 다음을 생각해봐야 한다.

* ✽ '당신은' 다른 이들이 당신을 어떻게 판단하길 바라는가?
* ✽ 어떤 기준으로?
* ✽ 어떤 어조로?
* ✽ 당신을 판단하는 이가 어떤 태도로 판단하기를 원하는가?

대답들을 생각해 보았다면, 당신이 다른 이들을 판단할 때 그 기준, 그 어조, 그리고 그 태도를 취하도록 하라. 그 자리에 없는 사람에 대하여 이야기할 때 그 기준을 적용하라.

언젠가 이메일에서 다음 이야기를 읽었다. 이 이메일도 역시 제목에 '전달'(Fwd)이라고 되어 있었는데, 그 내용이 실화는 아닌 것 같다. 하지만 시사하는 바가 있는 좋은 이야기이다.

> 한 젊은 부부가 새 동네로 이사를 했다. 다음날 아침, 식사 중에 이웃집 사람이 바깥에 빨래를 너는 것을 아내가 보고는 말했다.
> "빨래가 깨끗하게 안 되었네요."
> "저 여자는 세탁하는 법을 모르나 봐요. 세제를 바꿔야 할 것 같은데."
> 남편은 그쪽을 쳐다보고는 별 말을 하지 않았다. 그 이웃집 여자가 빨래를 밖에 널 때마다 아내는 똑같은 말을 하곤 했다.
> 한 달쯤 지난 어느 날, 아내는 이웃집에 깨끗한 빨래가 널려있는 걸 보고는 놀라서 남편에게 말했다.
> "저기 좀 봐요. 저 여자가 이제야 빨래를 제대로 하네요. 누가 말을 해줬을까?"
> 남편이 말했다.
> "오늘 일찍 일어나서 내가 우리 집 창문을 깨끗이 닦았어."

그 이메일은 "우리 삶도 마찬가지입니다. 우리가 어떤 창을 통해 보는가가 우리가 타인을 어떻게 보는지를 결정합니다"라는 말로 끝을 맺었다.

정말로 맞는 말이다.

잠언은 말한다.

> 지혜 없는 자는 그의 이웃을 멸시하나 명철한 자는 잠잠하느니라 (잠 11:12).

👉 스스로를 겸손케 하라

교만한 판단에 대한 해독제는 겸손이다. 야고보가 비방과 판단을 정죄하는 구절 바로 앞에서 그는 "주 앞에서 낮추라 그리하면 주께서 너희를 높이시리라"(약 4:10)고 말한다. 우리는 우리의 판단을 판단하고, 우리의 동기를 점검하며, 우리의 위치를 기억해야 한다.

4. 사랑이 없는 판단

악한 판단의 또 다른 이름은 비판적인 판단이다. 반대되는 개념은 관대한 판단이다.

"관대하다"는 말은 사랑, 즉 "관대함"(자애)을 의미하는 고어에서 나왔는데, 고린도전서 13장에서 다음과 같이 아름답게 묘사되어 있다.

> 사랑(관대함, 자애)은 오래 참고 사랑은 온유하며 시기하지 아니하며 사랑은 자랑하지 아니하며 교만하지 아니하며 무례히 행하지 아니하며 자기의 유익을 구하지 아니하며 성내지 아니하며 악한 것을 생각하지 아니하며 불의를 기뻐하지 아니하며 진리와 함께 기뻐하고 모든 것을 참으며 모든 것을 믿으며 모든 것을 바라며 모든 것을 견디느니라 사랑은 언제까지나 떨어지지 아니하되 예언도 폐하고 방언도 그치고 지식도 폐하리라 (고전 13:4-8).

당신과 내가 이러한 종류의 관대함으로 사람들을 판단한다면, 우리는 사람들에 대해 악한 판단이나 험담을 하지 않을 것이다. 다른 이에게 닥친 나쁜 일에 대해 기뻐하지도 않게 될 것이다. 사람들에게 최악을 기대하는 것을 멈추게 될 것이다. 언제나 뭔가 더 나은 것을 기대하게 될 것이다. 사랑은 끈질기다. 사랑은 모든 게 잘 돌아가는 척 하지 않으며, 감추려 하지도 않는다. 사랑은 다른 사람을 향해 소망을 붙잡고 최선을 믿는다.

예수님도 우리를 이런 식으로 사랑하지 않으셨던가?

고린도전서 13장에서 "사랑"을 "예수님"으로 바꿔 읽어보면 "가장 좋은 길"(고전 12:31)의 위대한 예를 발견할 수 있다.

우리에 대해 험담하시는 예수님을 상상할 수 있는가?

그렇게 할 수도 있는 모든 자격을 갖추신 분이다. 우리 자신에 대한 모든 사실들을 다 알고 계셔서 우리를 즉시 '판단하실 수도' 있는 분이다. 그는 입법자요 재판관이시다. 그러나 예수님은 오래 참으시며 친절하시다. 예수님은 불의를 기뻐하지 아니하신다. 그는 우리를 악하게 판단하지 않으신다. 그는 우리를 희생적인 죽음을 통해 구원하셨다. 예수께서 우리에게 이 사랑을 보이셨다면, 우리도 다른 사람들에게 그 사랑을 나타내야 한다.

5. 미리 보기

물론, 판단하는 험담에 있어, 우리 자신에게 "멈춰!"라고 말하는 것만으로는 불충분하다.

어떻게 하면 멈출 수 있는지를 배워야 한다.

험담 대신 무엇을 해야 할까?

다음 두 장에서는 악한 험담에 대한 성경적 대안을 다루는데, 우선은 말하는 것, 그리고 다음에는 듣는 것에 관한 것이다.

6. 그룹 토의를 위한 질문들

1) 야고보서 4:10-12을 읽으라.
   악한 판단과 험담은 어떻게 연결되어 있는가?

   _____
   _____
   _____

2) 비판적인 태도를 갖는 것(악한 판단)과 분별력이 있는 것(의로운 판단)은 어떻게 다른가?
   우리가 둘 중 나쁜 쪽을 행하고 있는지 어떻게 알 수 있는가?

   _____
   _____
   _____

3) 아래 잠언 말씀들을 읽고, 섣불리 판단하지 않는 것에 관해 각 구절이 보여주는 지혜에 대해 이야기해보라.
   각각에 대해 당신의 삶에서 긍정적이거나 부정적인 예를 들 수 있는가?

① 잠 14:15
② 잠 18:13
③ 잠 18:17

4) 마태복음 7:1-5을 읽으라.

교만은 우리의 판단을 어떻게 왜곡시키는가?

어떻게 하면 겸손함을 키울 수 있는가?

어떻게 하면 사랑을 발전시킬 수 있겠는가?

5) 고린도전서 13:4-8을 읽으라. 맺고 있는 인간관계들 중 당신이 악한 판단의 유혹에 노출되어 있는 경우 하나를 떠올려보라.

이번 주에 그 사람을 사랑하도록 노력해볼 수 있겠는가?

제5장

험담의 대안: 직접 말하기
- 험담을 벗고 덕을 세우는 말을 하라 -

> 무릇 더러운 말은 너희 입 밖에도 내지 말고
> 오직 덕을 세우는 데 소용되는 대로 선한 말을 하여
> 듣는 자들에게 은혜를 끼치게 하라(엡 4:29).

사람들이 "험담을 하지 않으면 도대체 무슨 얘기를 하나요?"라고 말할 때마다 내가 10센트씩 모았다면 지금쯤 나는 어마어마한 부자가 되었을 것이다.

물론 과장법이다.

하지만 정말로 그랬을 것처럼 '느껴질' 때가 많다.

당신이 나 같은 사람이라면 험담하는 것을 '원하지는' 않을 것이다. 험담을 하고픈 때가 당연히 있긴 하겠지만, 당신의 기본적인 입장은 험담에 반대하는 것이다. 남의 소문 이야기를 좋아하는 사람이 '되고 싶지' 않다.

지금도 험담과 싸우는 것에 관한 책을 읽고 있지 않은가?

그러나 험담의 유혹에 저항할 수 없는 것처럼 '느껴질 때'가 많다. 대안도 없어 보인다.

험담 말고 무엇을 할 것인가?

기쁜 소식은, 하나님은 우리를 돕기 원하신다는 것이다. 주께서 우리에게 원하시는 것은 그저 죄악된 행동을 그치는 것이 아니다. 그는 우리가 의롭게 살기를 원하신다. 그리고 그는 그것을 위해 실제적으로 필요한 모든 것을 공급해 주신다.

1. 악취나는 말들

하나님은 에베소서 4장에서 사도 바울을 통해 우리를 교훈하신다.

> 무릇 더러운 말은 너희 입 밖에도 내지 말고 오직 덕을 세우는 데 소용되는 대로 선한 말을 하여 듣는 자들에게 은혜를 끼치게 하라(엡 4:29).

여기서 "더러운"으로 번역된 그리스어 단어는 '사프로스'(sapros)이다. 썩고 부패하여 분해된 것을 의미한다. 사프로스(sapros)는 상한 과일이나 냄새나기 시작하는 생선에 사용되는 단어였다.[1]

그러므로 사프로스(sapros)한 말이란 부패한 말을 말한다. 구역질나는 말이고 썩어버린 말이다. 냄새나는 나쁜 이야기이다. 여기에 험담만 있는 것은 아니지만 험담은 명백하게 이 범주에 속한다.

---

1 피터 T. 오브리엔, 『에베소서』(*The Letter to the Ephesians*)(Grand Rapids: Eerdmans,1999), 344.

바울이 에베소 교인들에게 단지 부패한 말들을 삼가라고만 한 것이 아니라 그러한 말들 '대신에' 다른 이들을 축복하는 말을 사용할 것을 교훈하고 있음을 주목하라. 험담을 극복하기 위해서는 무엇을 '안'해야 하는가와 더불어 무엇을 '해야' 하는가도 중요하다.

2. 당신 자신이 되라

에베소서 4:29을 진정으로 이해하고 실천하기 위해서는 그 말씀을 문맥 속에서 이해해야 한다. 에베소서의 첫 세 장에서 사도 바울은 복음이 그리스도를 통하여 하나님 자신에게 영광이 되는 놀랍고도 영원한 하나님의 계획임을 설명한다. 그리고는 분위기를 바꾸어 바울은 이제 복음을 적용한다. 에베소서의 후반부 세 장에서 바울은 우리의 삶 속에서 복음이 실천될 때의 영향에 대해 설명하는데, 한마디로 말해 그것은 '변화'이다. 복음의 진리가 우리를 변화시켜 우리가 이전과는 다른 삶을 살게 되는 것이다.

그리스도를 만나기 전 우리는 한 방향으로만 살았다. 우리의 "총명이 어두워지고 [우리] 가운데 있는 무지함과 [우리]의 마음이 굳어짐으로 말미암아 하나님의 생명에서 떠나 있도다 [우리가] 감각 없는 자가 되어 [우리] 자신을 방탕에 방임하여 모든 더러운 것을 욕심으로"(엡 4:18-19) 행했다.

험담의 중독적인 측면에 대한 말씀 같지 않은가?

"별식"을 조금이라도 더 먹기 위한 "욕심"말이다.

이제 우리는 다른 삶을 산다. 이 구절들이 우리의 변화를 설명해준다.

> 오직 [우리는] 그리스도를 그같이 배우지 아니하였느니라 진리가 예수 안에 있는 것 같이 [우리가] 참으로 그에게서 듣고 또한 그 안에서 가르침을 받았을진대(엡 4:20-21).

바로 이것이 복음이다!

이것이 바로 예수 그리스도와 그의 죽으심과 부활, 그리고 그의 영의 선물과 재림의 약속에 관한 기쁜 소식이다.

바울은 계속해서 말한다.

> [우리가] 유혹의 욕심을 따라 썩어져 가는 구습을 따르는 [우리의] 옛 사람을 벗어 버리고 오직 [우리의] 심령이 새롭게 되어 하나님을 따라 의와 진리의 거룩함으로 지으심을 받은 새 사람을 입으라(엡 4:22-24).

바울은 복음을 통해 그리스도와 맺은 새로운 관계가 모든 것을 변화시켰다고 말하고 있는 것이다. 그 결과로, 우리는 '진정한 우리 자신이 되어야 한다.' 우리에게는 새로운 정체성이 주어졌고, 우리는 그 정체성을 살아내야 한다.

바울은 이것을 옷을 갈아입는 것에 비유한다.

옛날 옷을 벗어버리라. 새 옷을 입으라.

옛날 옷, 당신의 옛 사람은 보내야 한다.

> 유혹의 욕심을 따라 썩어져 가는 구습을 따라가고 있기 때문이다(엡 4:22).

대신 우리는 "[우리]의 심령이 새롭게 되어"(엡 4:23)야 한다. 이는 지금까지 우리가 배운 모든 복음의 진리를 받아들이고 믿는 것을 의미한다. 더 나아가 우리는 "의와 진리의 거룩함으로 지으심을 받은 새 사람을 입어야"(엡 4:24) 한다.

이것이 새 옷이다!

이것이 새로운 당신이고, 진정한 당신, 즉 이제 그리스도 안에 있는 당신이다. 이것이 은혜를 입은 당신의 진정한 모습이다. 그러나 우리는 이 새 사람을 입어야 한다.

바울은 이러한 생각을 가지고 자신의 인생을 경주했다.

거짓말을 벗어버리라. 참된 말을 입으라(엡 4:25을 보라).

악한 분노를 벗어버리라. 평화를 입으라(엡 4:26-27을 보라).

도둑질을 벗어버리라. 구제를 입으라(엡 4:28을 보라).

패턴이 보이는가?

벗어버리라! 입으라!

이를 회개와 순종이라고도 부를 수 있을 것이다. 이를 행하는 것은 우리 스스로의 노력으로부터 올 수 없고 그리스도에 대한 우리의 믿음과 그의 안에서 주어진 우리의 새로운 정체성으로부터 오는 것이다.

이것이 29절 말씀 "무릇 더러운 말은 너희 입 밖에도 내지 말고 오직 덕을 세우는 데 소용되는 대로 선한 말을 하여 듣는 자들에게 은혜를 끼치게 하라"의 문맥이다.

험담을 벗어버리라. 덕을 세우는 말을 입으라.

이것은 한 번으로 끝낼 수 있는 일이 아니다. 계속적인 노력이 필요한 일이다.

벗어버리라. 입으라. 다시, 다시 한 번, 다시.

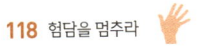

'정말로' 실제적인 부분을 다뤄보자.

실제 삶에서는 이것이 어떠한 모습인가?

이제 험담에 대한 대안 다섯 가지를 제시하고자 하는데, 우리가 입어야 할 새 옷 다섯 벌이다.

3. 아무 말도 하지 말라

험담에 맞닥뜨리거나 당신이 험담을 할 것 같은 상황에 있다면 차라리 아무 말도 하지 않는 것이 가장 좋을 때가 많다. "좋은 말을 할 수 없다면, 아무 말도 하지 말라"는 말이 있듯이 말이다. 침묵이 최선일 수 있다.

잠언은 말한다.

> 말이 많으면 허물을 면하기 어려우나 그 입술을 제어하는 자는 지혜가 있느니라(잠 10:19).

많은 경우 신중함은 침묵으로 증명된다. 잠언 17장은 말한다.

> 말을 아끼는 자는 지식이 있고 성품이 냉철한 자는 명철하니라 미련한 자라도 잠잠하면 지혜로운 자로 여겨지고 그의 입술을 닫으면 슬기로운 자로 여겨지느니라(잠 17:27-28).

에이브러햄 링컨(Abraham Lincoln)은 말한다.

> 입을 닫고 바보 취급을 받는 것이 입을 열어 바보가 아님을 증명
> 하는 것보다 낫다.²

이 법칙은 얼굴을 맞대고 하는 대화뿐 아니라 문자, 온라인 메신저, 이메일 및 험담이 퍼져나가는 통로가 될 수 있는 모든 다른 종류의 의사소통 수단에도 적용된다.

비밀(들)

교회에서 험담과 싸우는 법을 강의할 때 한 성도가 이런 예리한 질문을 던졌다.

> 만일 어떤 사람이 당신을 신뢰해서 어떤 일에 관해 얘기해준 후 아무에게도 이야기하지 말고 기도만 해달라고 부탁했다면, 그것도 험담인가요? 마찬가지로, 당신에게 그리스도인 친구가 있는데, 기도를 아주 많이 하는 사람이고 당신에게서 들은 말을 절대 다른 사람에게 옮기지 않을 믿을만한 사람이라고 가정해보지요. 만일 누군가 저를 신뢰해서 제게만 해준 말을 제 그리스도인 친구에게만 말하고 기도만 해달라고 부탁한다면, 이것도 험담일까요?³

누군가 당신에게 다른 사람과는 나누지 말고 그저 기도만 해줄 것을 부

---

2 브루스 K. 월트케, 『잠언 15-31장』(*The Book of Proverbs: Chapters 15-31, New International Commentary on the New Testament* (Grand Rapids: Eerdmans, 2005)),64
3 필자가 받은 익명의 개인적 편지 (2011년 여름)

탁했다면, 아무에게도 이야기하지 말고 기도만 해야 한다.

> 두루 다니며 한담하는 자는 남의 비밀을 누설하나 마음이 신실한 자는 그런 것을 숨기느니라(잠 11:13).

물론, 당신이 절대적으로 신뢰하는 믿을만한 기도의 사람이 있는 경우, 그 사람에게는 이야기해도 되겠는지 당신에게 기도 부탁을 한 친구에게 물어볼 수는 있을 것이다. 하지만 다른 이에게 이야기하지 말라는 부탁을 받았으면, 이야기하지 말라.

이 장을 쓰는 동안 내게 비슷한 문제가 생겼다. 나는 실로 수치스러운 어떤 비밀을 알게 되었고 그걸 누군가에게 이야기하고 싶어 안달이 났다. 그 비밀의 당사자만 제외한다면 누구에게든 이야기하고 싶었다! 하지만 나는 내 입을 막았고, 앞으로도 그렇게 할 것이다. 신뢰할만한 사람이 되고 싶기 때문이다.

물론 예외가 있다.

예를 들어, 자살 예고 같은 비밀을 지키려 들면 당사자가 심각한 해를 입게 될 것이다. 이러한 종류의 정보는 도움을 줄 수 있는 사람들에게 반드시 알려져야 한다. 사실 누군가를 해하는 비밀이라면 절대적인 것이 될 수 없다. 그럼에도 불구하고, 대부분의 경우에서는 침묵이 최선이다. 바울은 "소용되는 대로" 말하라고 하였다. 정확히 그 정도만 말해야 한다.

4. 칭찬할 만한 것들은 칭찬하라

침묵보다 더 좋은 것이 종종 있다.

우리가 뭔가 선한 말을 할 수 있다는 것이다.

에베소서 4:29은 우리가 "덕을 세우는 데 소용되는" 말을 해야 한다고 말씀한다. 덕을 세운다는 것은 격려, 칭찬, 긍정 및 인정의 말을 해주는 것을 의미한다. 어떤 사람에 대하여 이야기하고픈 유혹을 받는다면, 우리는 그 사람의 좋은 점들에 대하여 이야기해야 한다.

다음번에 어떤 사람에 대해 험담하고 싶어질 때, 그 사람이 얼마나 좋은 사람인지 이야기해보라. 예수님의 황금률이 의미하는 바가 이것이다. 남들이 당신에 대해 이야기했으면 하는 방법대로 남들에 대해 이야기하라.

 불평 대신 칭찬하기

아이들이 자기 엄마나 아빠 뒷전에서 불평하는 걸 들어보았는가?

"우리 아빤 내가 아무 것도 못 하게 해!"라든지 "우리 엄만 나한테 아무 것도 안 줘!"라는 식으로 말한다. 대부분의 경우 이 아이들의 불평은 험담이다. 그러나 아이들은 아버지와 어머니를 공경할 수 있고, 또 그래야만 한다. 아이들은 이런 식으로 말해야 한다.

> 아빠는 나를 재미있는 곳에 데리고 가주셔.
> 엄마는 나에게 친절하게 대해주셔.
> 아빠는 뭐든 잘 고치시지.
> 엄마 요리는 일품이야.

아빠는 정말 웃겨. 아빠랑 있으면 항상 웃게 돼(엡 6:2을 보라).

우리 성인들 역시 나이가 들었더라도 각자의 아버지와 어머니에 대해 그렇게 할 수 있다. 직장 동료, 교회 성도들 및 이웃들이 나의 신경을 거슬리게 할 때가 많아도 그들을 칭찬할 수 있다.

그러므로 만일 어떤 사람에 대해 칭찬할 것이 전혀 없다면, 차라리 아무 말도 하지 말라.

하지만 칭찬할 만한 것이 아무리 작은 것이라도 있다면, 그것을 들려주라.

그 자리에 없는 사람을 세워주라. 나쁜 이야기 대신 '좋은 이야기'를 퍼뜨리라.

우리는 모두 사람을 세워주는 이에게 끌리지 않는가?

모든 사람이 항상 다 좋은 것처럼 이야기하는 사람들이 있는데, 그런 태도 자체가 허위이고 부패한 것이다. 아첨만 일삼는 사람들이 있는데, 그것도 역시 거짓이다. 그러나 다른 사람들을 깎아내리지 않으려는 이들이 있다. 이런 사람들은 정말이지 매력적이다. 우리는 그런 이들과 가까이 지내고 싶어 한다. 우리는 그들처럼 되고 싶어 한다.

그러나 끊임없이 불평하는 사람들은 우리의 비위를 거스르게 한다. 먼 친구 하나가 내게 어떤 페이스북 페이지를 갈무리한 것을 보내준 적이 있는데, 어떤 아내가 자기 친구들에게 자기 남편에 대한 불만을 늘어놓는 내용이었다. 물론 그 남편도 그 페이스북 페이지에 접속할 수 있으므로 엄밀히 말하자면 "남편 뒷전"이 아니라고 말할 수도 있겠지만, 그 남편을 세우는 행동은 결코 아니었다. 그를 깎아내리는 일이었다. 그 친구는 그것이 험담인지 물었고, 나는 "응, 그런 것 같군. 그런 여자가 '내' 아내가 아니라서 다행이네."라고 답했다.

내 아내 헤더 조이는 불평할 것이 거의 없는 사람이어서 나는 내 아내에 대해 자주 불평하지 않는다. 그녀는 매리 포핀스(Mary Poppins)처럼 "실로 모든 면에서 완벽"하다. 하지만 나는 그녀에게 다른 사람들에 대해 불평하는 죄를 많이 지었다.

결혼 초 어느 밤, 친척 중 하나가 우리 아파트에서 하룻밤 묵게 되었는데 그녀의 어떤 행동 때문에 내가 짜증이 났다. 무슨 일이었는지는 기억나지 않는다. 그날 밤 침실에서 나는 헤더 조이에게 그 친척에 대해 아주 강한 불평을 길게 늘어놓았다.

그러나 그 친척이 문틈과 벽을 통해 내 말을 다 듣고 있었던 것이다!

맙소사!

여름철이었는데도, 다음날 아침 집안 공기는 아주 싸늘하기 그지 없었다!

내가 그날 불평이라는 옛날 옷을 벗어버리고 사람을 세우는 말을 입었더라면 그날 상황이 얼마나 달랐겠는가?

👉 중요한 건 세워주는 거야, 바보야!

세워준다는 뜻의 옛 어휘는 '교화'(敎化, edification)이다. 지금은 이 단어를 쓰지 않는다는 것이 무척 안타깝다. 그 단어가 주는 의미는 강렬한데, 우리가 하는 말이 사람을 굳건한 집처럼 견실하게 느끼게도 하고, 크레인에 달린 철구로 집을 부수듯이 사람을 죽일 수도 있다는 것이다. 신학교 시절 친구들과 나는 "중요한 건 세워주는 거야, 바보야!"하며 농담 비슷한 작별 인사를 하곤 했다. 우린 그런 익살스러운 방식으로 우리의 말이 가진 힘에 대해 잊지 않고자 했다.

세워준다는 것이 칭찬할 수 없는 것들을 칭찬하라는 것은 아니다. 그건 거짓말일 뿐이다. 할 수 있는 긍정적인 말을 찾아 거기서부터 시작하여 세워가라.

아이디어가 필요한가?

나는 샘 크랩트리(Sam Crabtree)의 책인 『칭찬 연습하기』에서 "칭찬할만한 것들을 칭찬하라"는 문구를 발견했다. 그 책 제9장 "막다른 골목에 이른 것처럼 느끼는 이들을 위해 주는 긍정 아이디어 100선"에서, 크랩트리는 훌륭한 선택사항 목록을 제공한다.[4]

그걸 출발점으로 삼으면 된다!

명심해야 할 점은 뭘까?

우리가 그리스도 안에서 새로운 정체성을 얻었기 때문에 이제는 사람들에 대해 좋은 말을 하는 것이 실로 가능하다는 사실이다!

5. 사람들'에 대해서'가 아니라, 사람들'에게' 이야기하라

다른 사람과의 사이에서 문제가 생기면, 우리는 우리와 갈등을 겪는 그 당사자 외의 어떤 사람에게든 달려가고픈 유혹을 크게 받게 된다. 그러나 갈등을 겪을 때 앞으로 나아가는 길은 그 당사자'에 대해' 이야기하는 것이 아니라 사랑으로 그 사람'에게 직접' 이야기하는 것이다. 예수께서도 "먼저 가서 형제와 화목"(마 5:24)하라고 말씀하신다.

---

[4] 샘 크랩트리(Sam Crabtree), 『칭찬 연습하기』(*Practicing Affirmation: God-Centered Praise of Those Who Are Not God* (Crossway, 2011)), 149-60.

그렇게 하기가 참으로 힘들 때가 많다. 그러나 당신이 입고 있는 새 사람은 당신의 옛 사람보다 더욱 위대하고, 강하며, 실제적이라는 것을 기억하라. 당신은 할 수 있다! 험담을 벗어버리고, 사랑으로 대면하는 것을 입으라.

교회에서 누군가 당신을 화나게 했는가?

그것에 관해 그 사람에게 이야기하라.

회의에서 동료가 당신의 감정을 상하게 했는가?

그 사람과 대화하며 그 일을 꺼내어보라.

부모님이 최근에 내린 어떤 결정 때문에 당신의 계획이 망쳐졌는가?

그 일에 대해 부모님과 이야기하라.

우리는 우리 자녀들에게 이러한 사랑의 대면을 가르쳐야 한다.

아래에 나오는 식으로 아이들과 대화하고 있는가?

아이: 쪼끄만 죠니 녀석이 절 때렸어요!(죠니의 뒷전에서 나쁜 소식을 퍼뜨림)

엄마: 왜 엄마에게 그 얘길 하니?(나쁜 마음으로 그러는 거니?)

아이: 걔를 혼내주려고요(네, 나쁜 마음으로요).

엄마: 그 일에 대해서는 '죠니랑' 먼저 이야기해보렴. 해결이 안 되면 '그때' 엄마가 도와줄게.

우리 모두 사랑의 대면을 연습해야 한다. 우리가 이미 보았듯, 바울은 "오직 덕을 세우는 데 소용되는 대로"만 말해야 한다고 썼다.

많은 경우 사람들은 사랑의 대면을 필요로 한다.

내게도 필요하다. 그래서 하나님은 내게 헤더 조이를 주신 것이다. 아내가 지혜와 사랑으로 종종 나를 꾸짖지 않았다면 내 삶은 엉망이 되었을 것이다. 며칠 전 헤더 조이는 내가 최근 들어 아이들과 함께 있을 때에 얼마나 기분이 언짢아 있었는지 지적해주었다. 아이들은 아빠가 훈육을 하게 되면 과도하게 화를 낼까봐 무서워서 나를 피하기 시작했다. 나는 아내로부터 그런 조언을 들을 필요가 있었다. 그러나 기뻤던 것은 그녀가 자기 친구들에게로 달려가 내 험담을 늘어놓지 않았다는 것이다!

19세기 후반부터 20세기 초까지 인도에서 선교사로 사역했던 에이미 카마이클(Amy Carmichael)은 자신의 선교지에서 갈등을 다룰 때 "그 사람에 '대해'가 아니라, 그 사람'에게' 말하라"[5]라는 원칙이 있었다. 남에 대해 이야기하면 갈등이 큰 불로 번질 수 있지만, 관계의 문제를 겪고 있는 그 사람에게 직접 이야기하면 사태가 해결될 수 있다.

범죄를 경찰에 신고하는 것이나 해결 못한 갈등을 목회자나 장로들에게 보고하는 것은 험담이 아니라는 것을 언급하고 싶다. 친구에게 뭐라고 말해야 할지 전혀 모를 경우, 혹은 당신에게 상처를 준 친구와의 대화가 마음먹은 대로 잘 되지 않을 때 부모님의 개입을 요청하는 것 역시 험담이 아니다. 그러나 일반적인 원칙은 이것이다.

"그 사람에 '대해'가 아니라, 그 사람'에게' 말하라"

 예외: 권면하기

1장에서 살펴보았듯, 권면을 목적으로 다른 사람에 대해 이야기하고 나

---

5 레이몬드 C. 오트룬드 Jr.(Raymond C. Ortlund, Jr.)의 블로그 *Christ Is Deeper Still*에 실린 "Gossip"이라는 글에서 에이미 카마이클(Amy Carmichael)에 대한 부분. 링크: http://www.thegospelcoalition.org/blogs/rayortlund/2009/05/18/gossip/. (최종 접속일: 2011년 7월 12일)

쁜 일들에 대해 사람들에게 이야기'해야만 할 때'가 있다. 다른 사람을 권면하는 것은 성경적인 원칙인데, 모든 사랑의 권면이 그것을 받는 이의 면전에서 이루어지는 것은 아니다. 사실, 그렇지 않을 때가 많다.

그러나 우리는 다른 사람들에게 어떤 이를 경계하라고 말해줄 때에조차 그 사람을 사랑해야 한다. 그렇게 경계의 말을 해줄 때에도, 우리는 그 당사자의 명예를 최대한 보호하기 위해, 할 수 있는 한 최고의 공정함과 관대한 판단으로 우리가 할 수 있는 모든 것을 해야 한다.

다시 말하지만, 우리도 남들이 우리에게 그렇게 해주기를 바라지 않는가?

내 친구 잔(John)이 그의 친구 "라이언"(Ryan)에게 둘이 함께 알고 있는 한 사람에 관해 경계의 말을 해야 했던 적이 있었다. 잔은 확실해 보이는 단서를 통해 "마이클"(Michael)이 마약을 한다는 걸 알게 되었다. 그런데 마이클은 라이언의 딸과 사귀고 싶어 했다. 잔은 라이언에게 그런 이야기를 하게 되어 기분이 끔찍했지만, 그는 라이언의 가족을 보호해주고 싶었다. 잔은 악한 마음으로 나쁜 이야기를 전했던 것이 아니었다. 잔은 라이언에게 그가 아는 모든 걸 다 말해주면서도, 자기가 알고 있는 것이 모두 오해일 가능성도 있다는 것과 마이클에 대한 잔 자신의 경험은 모두 긍정적이었다는 것을 확실히 해두었다. 이런 경우에는 잔이 험담을 했다고 할 수는 없을 것 같다. 그는 사랑으로 권면한 것이다.

물론 우리는 뭐든지 다 정당화할 수 있기 때문에, 우리의 권면이 정말로 필요한 것인지 꼭 확인해봐야 한다. 또한 우리의 권면의 말들이 관련된 모든 이들을 향해 사랑을 나타내주고 있는지를 확인해야 한다. 우리가 권면할 때 관련된 모든 사람들이 다 행복해질 것이라는 의미가 아니다! 그러나 우리가 해야 하는 만큼 사랑했다면 우리의 양심에는 걸릴 것이 없다.

6. 자비의 말을 하라

이장의 핵심 구절인 에베소서 4:29의 후반절은 우리가 덕을 세우는 데 "소용되는 대로 선한 말을 하여, '듣는 자들에게 은혜를 끼치게 하라'"고 말씀한다. 킹제임스 역본은 해당 그리스어를 더욱 멋지게 표현했는데, "듣는 자들에게 은혜를 공급하는" 말을 사용하라고 번역했다.

엄청나게 은혜를 베푸는 사람들은 정말 사랑스럽지 아니한가?

그런 사람들은 예수님 안에서 새 옷을 입은 자들이다. 자신이 누구인지를 그리스도 안에서 "발견한" 사람들이다. 그런 사람들과 함께 있는 것은 정말 즐거운 일이다.

잠언은 "의인의 입술은 여러 사람을 교육하나"(잠 10:21)라고 말씀한다. 멋지지 않은가?

내게는 그런 친구가 한 명 있다.

별다른 대화 소재가 없는 것처럼 보일 때에도 댄(Dan)에게는 언제든 멋진 이야깃거리가 있다. 다른 이가 불쾌하게 굴어도 그 사람을 사랑으로 대면하는 것을 두려워하지 않고, 굳이 그러지 않아도 되지만 그는 그가 대면하는 그 사람을 격려해주기까지 한다! 나는 문제가 있으면 항상 그를 먼저 찾는데, 그의 지혜 때문이 아니라 그가 내 마음을 '풍성케 해주기'(nourishing)때문이다. 그는 '자비로운' 말을 쓰고 사람들은 댄과 함께 있는 걸 좋아한다. 그래서 나는 은혜로 가득한 댄을 "기다려지는 파티"같은 사람이라 부른다.

누구나 생각하고 있는 모든 것을 말 할 필요는 없다. 사실 우리 하늘 아버지께서 '자비로우시므로' 우리도 자비로울 수 있는 것이다(눅 6:36을 보라). 그저 아무 말 않고 있기, 또는 칭찬할 만한 것들 칭찬하기보다 더 멋진 일을 할 수 있는 때가 많이 있다. 바로, 한걸음 더 나아가 은혜의 말을 하는 것이다.

하나님이 이렇게 일하시지 않는가?

그분을 닮도록 하자!

바울은 우리가 "하나님을 따라 의와 진리의 거룩함으로 지으심을 받은 새 사람을 입어야"(엡 4:24)한다고 말한다는 것을 기억하라. 이것은, 험담이 발생할 수 있는 상황에 처했을 때 우리는 가장 자비롭고 가장 은혜로운 것을 택하여 말해야 한다는 의미이다. 이를 위해 우리에게는 상상력이 필요하다. 의로운 삶은 저절로 주어지지 않으므로, 의로운 삶을 살려고 하면 악하게 살 때보다 더 많은 상상력이 요구된다. 하지만 그것이 더 멋진 삶이다!

창의력이 풍부하다면 은혜를 끼치는 말을 다양하게 선택해볼 수 있을 것이다. 험담을 하는 대신 덕담을 나눠라.

❋ 재미있는 이야기를 해주라.
❋ 뭔가 유용한 것을 가르쳐주라.
❋ 웃긴 농담을 하라.
❋ 날씨 이야기를 하라.
❋ 기쁜 일에 대해 나누라.
❋ 어떤 사람에 대한 사랑의 관심을 나누라. 그래서 그를 도울 방법을 찾아보라.

무엇을 하든, "듣는 자들에게 은혜를 끼치는" 말을 하라.

날카로운 말

또 하나의 진리는 우리의 말이 항상 '상냥하기만' 할 수는 없다는 것이다. 바울은 우리가 "상냥할 것"을 촉구하는 것이 아니다. 분명히 바울은 편지를 쓰면서 자기 자신의 충고를 따랐겠지만, 그의 서신서들에는 내가 한 번도 해보지 못한 날카로운 말들도 들어있다. 때때로 바울은 심지어 조롱, 반어, 풍자에 욕설마저 사용한다!

그렇다고 해서 바울이 성경을 쓸 때 에베소서 4:29을 어긴 것은 아니다. 에베소서 4:29에 순종하면서도, 즉각적으로 사람을 세워주는 것처럼 들리지는 않는 교정의 언어를 쓸 수 있어야 한다. 이것을 기억하면 우리는 우리의 기준에 부합하게 말하지 못하는 사람들을 판단하는 죄에 빠지지 않을 수 있다.

중요한 사실은, 바울이 그런 날카로운 말들을 자기 자신의 쾌락이나 이익을 위해 쓰지 않았다는 것이다. 다시 한 번 그의 마음의 중심으로 돌아가, 바울은 그저 재미로 날카로운 말을 사용한 것이 아니었다. 그는 언제나 하나님을 위해서, 복음을 위해, 교회의 유익을 위해, 또한 그의 대적자들을 그들의 교만함과 마음의 완악함으로부터 깨어나게 하기 위해 그런 말들을 사용했다.

그러나 우리에게 있어서는 대부분의 경우 에베소서 4:29을 단순하게 적용할 수 있다.

단순하지만 쉽지는 않다.

그러나 그리스도 안에 있는 우리의 새로운 정체성으로 인해, '가능하다!'

기억하라.

험담의 옛 옷을 벗어버리고 자비의 언어라는 새 옷을 입으라.

7. 주님께, 그리고 주님에 대해 이야기하라

마지막으로, 에베소서 5장에서 바울은 권면한다.

> 시와 찬송과 신령한 노래들로 서로 화답하며 너희의 마음으로 주께 노래하며 찬송하며 범사에 우리 주 예수 그리스도의 이름으로 항상 아버지 하나님께 감사하라(엡 5:19-20).

다른 모든 것들이 실패할 때에도, 우리는 언제든지 우리의 말로 주께 영광을 돌릴 수 있다. 험담을 하는 대신, 우리는 서로 이야기를 나누고, 함께 노래를 부르고, 감사하고, 간증을 나누며, 기도하고, 우리의 입으로 찬송할 수 있다.

함께 이야기를 나누고 있는 이가 아직 주를 모른다면 오히려 더 잘 된 일일 수 있다.

신학교 시절 교수님 중 한 분이 학생들에게 어딜 가든지 "복음을 수군거리며 퍼뜨리라고" 말씀하시곤 했다. 복음은 너무나도 좋은 소식이어서 우리끼리만 알고 있어서는 안 된다!

8. 미리 보기

악한 험담을 벗어버린 후 은혜를 입히고, 사람을 세우며, 진리를 사랑하고, 하나님을 본받고, 예수님을 닮은 언어의 옷을 입는 것은 동전의 한 면일 뿐이다.

어떤 사람이 우리 '에게' 험담을 하려고 하면 어떻게 해야 할까?

다음 장에서 이 문제를 살펴보자.

9. 그룹 토의를 위한 질문들

1) "험담을 하지 않으면 아무런 할 얘기가 없어요!"라고 말해본 적이 있는가?

   왜 그랬는가?

   정말로 험담 외에는 말할 게 아무 것도 없다고 느꼈는가?

   언제였는가?

   어디서였는가?

   왜 그렇게 느꼈는가?

   _____
   _____
   _____

2) 에베소서 4:17-32을 읽으라. "당신 자신이 되는 것"이란 무엇인가?

   험담과 싸우는 데 있어 이것이 왜 중요한가?

3) 에베소서 4:29을 다시 읽고, 그룹 안의 사람들과 함께 그 구절을 분석해보라.
세워주는 말에 대한 성경적인 지침은 무엇인가?

4) 이 장에서 다룬 험담에 대한 다섯 가지 대안에 대해 이야기해보라.
그중 당신에게 곧 도움이 될 만한 것은 무엇인가?
실천하기에 가장 어려워보이는 것은 무엇인가?
왜인가?
추가할만한 대안이 있는가?

① 아무 말도 하지 말라
② 칭찬할 만한 것들은 칭찬하라
③ 사람들에 대해서가 아니라, 사람들에게 이야기하라
④ 자비의 말을 하라
⑤ 주님께, 그리고 주님에 대해 이야기하라

5) 에베소서 4:29대로 살고 있는 사람의 이름을 말해보라. 그룹 내에서 그 사람에 대해 이야기하라.

_____
_____
_____

제6장

험담의 대안: 듣기
- 험담을 만난다면 어떻게 할 것인가? -

> 악을 행하는 자는 사악한 입술이 하는 말을 잘 듣고
> 거짓말을 하는 자는 악한 혀가 하는 말에 귀를 기울이느니라
> (잠 17:4).

"험담 말고는 할 일이 없는 사람들 같아!"

내 친구 나탈리(Natalie)는 답답해졌다. 수개월 전부터 그녀는 한 재활 센터에서 간호사로 일하기 시작했는데, 전반적으로 일은 재미있었다. 무엇보다 환자들 대하는 일이 즐거웠다. 그러나 나탈리의 동료들은 험담에 중독된 사람들 같았다.

"기회만 있으면 다른 사람들에 대해 이야기하고 그들을 깎아내려. 거기서 빠져나오기는 쉽지 않지, 난 어떻게 해야 하지?"

나탈리는 가장 최근 그 동료들의 목표물이 된 사람은 신입 간호사 클로이(Chloe)라고 했다. 간호사 휴게실은 클로이의 사생활, 그리고 그녀의 불충분한 업무 능력에 대한 험담으로 늘 웅성거렸다. 그리고 거기에는 험담하는 동료들에게 빙 둘러싸인 채 막막해 하는 나탈리가 있었다. 그녀는 내게 상담을 요청해왔다.

1. 악한 듣기

우리 모두 경험해 본 일이 아닐까?

대화가 갑작스레 험담으로 바뀌고, 그 상황에서 어쩔 줄 모르던 경험은 누구나 해보았을 것이다. 우리는 험담을 들어주는 것은 험담을 하는 것만큼이나 나쁘다는 것을 배웠다. 성경은 말한다.

> 악을 행하는 자는 사악한 입술이 하는 말을 잘 듣고 거짓말을 하는 자는 악한 혀가 하는 말에 귀를 기울이느니라(잠 17:4).

『메시지/구약 시가서』[1]에서는 "악인들은 악의적인 대화를 즐기고 거짓말쟁이는 추잡한 험담에 귀를 기울인다"라고 의역했다. 그러므로 성경에는 험담의 또 다른 범주인 '악한 듣기'가 나온다.

명확히 해두고 싶은 것은, 모든 듣기가 다 악한 것은 아니라는 사실이다. 성경은 듣기를 칭찬하며, 들으라고 명령한다. 성경은 말한다.

> 사람마다 '듣기는 속히 하고' 말하기는 더디 하며 성내기도 더디 하라(약 1:19).

---

[1] 유진피터슨의 메시지 각주 필요함

듣기는 중요하고, 우리는 규칙적으로 들어야 한다. 특히 우리가 권위자의 자리나 책임을 맡은 자리에 있다면, 어떤 사람에 대한 안 좋은 이야기를 그 사람이 없는 자리에서 들어야 할 때도 있다.

그러나 좋은 듣기가 있는 반면 나쁜 종류의 듣기도 있다.

사악한 마음으로 험담을 받아들이는 악한 종류의 듣기가 있는데, 우리가 이미 예상할 수 있듯이, 그 차이는 마음에서 비롯된다. '왜' 듣는 가가 '어떻게' 듣는 가를 규정한다. 중요한 것은 사랑으로 듣는 것이다.

에베소서 5장에서는 이렇게 말한다.

> 그러므로 사랑을 받는 자녀 같이 너희는 하나님을 본받는 자가 되고 그리스도께서 너희를 사랑하신 것 같이 너희도 사랑 가운데서 행하라 그는 우리를 위하여 자신을 버리사 향기로운 제물과 희생 제물로 하나님께 드리셨느니라(엡 5:1-2).

그리스도의 사랑 같은 사랑이 우리의 듣기를 다스려야 한다.

빛과 어두움

악한 험담을 일삼는 이들로부터 멀찍이 떨어져야 할 때가 있을 것이다. 악한 험담은 사랑이 아니기 때문이다. 에베소서 5장은 우리는 "빛의 자녀들"이라 부르고 여전히 어둠 가운데 있는 자들과 함께 하는 자가 되지 말라"고 말씀한다(엡 5:7-8을 보라).

> 너희가 전에는 어둠이더니 이제는 주 안에서 빛이라 빛의 자녀들

처럼 행하라…. 너희는 열매 없는 어둠의 일에 참여하지 말고 도리어 책망하라 그들이 은밀히 행하는 것들은 말하기도 부끄러운 것들이라 그러나 책망을 받는 모든 것은 빛으로 말미암아 드러나니 드러나는 것마다 빛이니라(엡 5:8, 11-13).

불신자들과 함께 하지 않는다는 것이 그들과 친구가 되지 않는다거나 함께 시간을 보내지 않는다는 것을 뜻하는 것은 아니다. 그들이 하는 일이 사악하다면 그 일에 참여하지 말라는 것이다. 그런데 듣는 것만으로도 그들의 어두움에 참여하는 것이 될 수 있다.

그러므로 '대안은' 무엇인가?

나탈리는 직장인 재활 센터에서 그리스도를 따르는 자로서 어떻게 행동해야 할까?

빛의 자녀들로 살기 위한 성경적 전략 네 가지를 생각해보도록 하자.

2. 기도하고 깊이 생각하라

험담을 벗어날 수 있는 간단한 공식이 있었으면 좋겠다.

이 책을 쓰기 위한 연구를 시작할 때만 해도 나는 자동적으로 적용 가능한 만능 방법을 찾고 싶어 했던 것 같다. 하지만 삶은 그렇게 단순하지 않다. 그러나 하나님의 지혜는 어떠한 공식보다도 위대하다.

일부 성경 교사들이나 일부 작가들은, 마치 그리스도인들이 험담 경찰로 부름을 받은 것처럼 생각하여, 험담이 시작되면 우리는 손을 번쩍 들고 고고한 척 "그만! 우리 대화가 이젠 험담이 되었네요. 전 더 이상은 참여하지 않겠어요!"라고 외쳐야 하는 것처럼 가르친다.

  같은 신자들 사이라면 그런 식으로 직면시켜줘야 하는 때가 분명 있을 것이다. 그러나 그러한 상황 속에 처한 신자들이 사용할 수 있는 다른 성경적인 전략들이 많이 있다. 사실 당신이 처한 특정한 상황을 구성하는 다양한 요인들을 다 고려해보는 것이 중요하다.

① 지금 일어나고 있는 일이 정확히 뭔가?
② 지금 이야기하고 있는 사람에 대한 나의 관계는 무엇인가?
③ 지금 험담의 대상이 되고 있는 사람에 대한 나의 관계는 무엇인가?
④ 이 험담은 얼마나 심각한가?
⑤ 이것은 거짓말인가? 참말인가? 소문일 뿐인가?
⑥ 이 이야기가 다른 이들에게 어떤 영향을 줄 것인가?
⑦ 단순히 누군가 했던 웃긴 일에 대해 이야기하는 것인가, 아니면 정말로 수치스러운 일에 대해 이야기하는 것인가?
⑧ 지금 이 이야기를 왜 하는 것인가? 말하는 사람의 동기를 평가하기 위해 나는 어떤 단서를 갖고 있는가?
⑨ 이 이야기가 이 대화의 초점인가, 아니면 곧 다른 이야기들이 시작될 것인가?
⑩ 이 대화가 '악한 마음으로 다른 이의 등 뒤에서 안 좋은 이야기를 퍼뜨리는 것'에 속하는가?

지혜의 영

험담에 직면하게 되면, 지혜와 명철로 반응하는 것이 필요하다.

감사하게도 우리는 이 세상에서 혼자가 아니다. 빛의 자녀들 안에는 "지혜와 계시의 영"(엡 1:17)이신 성령께서 거하고 계신다. 성령께서는 우리가 필요로 하는 지혜를 우리에게 주시기를 기뻐하시므로 우리는 그에게 구하기만 하면 된다. 성경은 약속한다.

> 너희 중에 누구든지 지혜가 부족하거든 모든 사람에게 후히 주시고 꾸짖지 아니하시는 하나님께 구하라 그리하면 주시리라 (약 1:5).

우리는 또한 성경 안에서도 지혜를 부지런히 찾아야 한다(잠 2:1-5을 보라). 우리가 가진 성경책을 샅샅이 살펴보면 험담 상황 속에 우리가 처할 때에 인도함을 받을 수 있다.

그러므로 나탈리에게 줄 수 있는 첫 번째 조언은 '기도하고 깊이 생각하라'는 것이다.

기도하기

직장에서의 대화가 어둠의 길로 빠져들기 시작하면 나탈리는 신호탄 기도를 쏘아올려야 한다.

'펑! 쉬이익!'

"주님! 도와주세요! 분별력을 주셔서 어떻게 해야 할지 알게 해주세요!"

주님과의 내적 대화가 계속되어야 한다. 성경은 우리에게 "쉬지 말고 기도하라"(살전 5:17)고 하신다. 우리 마음이 주님과 스피커폰으로 통화해야 한다는 뜻이다. 아침에 그분께 전화를 걸고, 온종일 끊지 말라.

특히, 우리에게 어려움이 닥칠 것 같은 때나 상황 속에 처해 있을 때, 우리는 당장 주님과 통화해야 한다. "아버지, 도와주세요! 제게 당신의 지혜를 주세요!"라고 말하는 것으로도 충분하다. 주님께서는 그런 기도에 응답하시는 것을 기뻐하신다. 그러나 우리가 구하지도 않기 때문에 우리가 지혜를 얻을 수 없을 때가 참으로 많다(약 4:2를 보라).

깊이 생각하기

기도한 후에는 하나님의 응답을 기다림과 동시에 우리가 듣는 것에 대해 신중하고도 깊게 생각해보아야 한다. 잠언은 말한다.

> 의인의 마음은 대답할 말을 깊이 생각하여도 악인의 입은 악을 쏟느니라(잠 15:28).

이 말씀은 말하기 전에 생각하라는 잠언이다. 악인은 마음에 떠오르는 것은 뭐든지 말해버린다. 의인은 무엇을 말 할 것인지 깊이 생각하고, 고려하고 분별한 후에야 말한다. 사람들이 우리에게 말할 때에는 지금 말하는 것에 대하여 우리 마음속에서 깊이 생각해야 한다.

4장에서 배웠듯이, 다른 사람을 판단하는 일에 빠지지 않도록 조심해야 한다. 섣불리 결론을 내리지 말라. 양쪽 이야기를 다 들어라. 정보의 출처를 고려하라. 판단을 보류하라. 경중을 따져 깊이 생각하라.

오래전 우리 교인 중 "아론"(Aaron)이라는 이를 조심해야 한다는 말들을 들은 적이 있다. 그 사람에 대해 꽤 나쁜 이야기들을 들었는데, 그중 공식적으로 확인된 것은 하나도 없었다. 내게 그 이야기들을 해준 사람은 나와 내 가족을 사랑하는 마음으로 그렇게 한 것이었다. 비록 어떤 사람들은 때때로 내게 아론에 대해 험담을 하긴 했지만, 그 사람만큼은 험담을 한 것이 아니었다. 내게 아론에 대해 그런 이야기들을 해준 그 사람은, 내가 판단하는 한, 내게 성경적인 경고를 전해주고자 했던 것이었다.

그래서 나는 그가 전해준 이야기들에 대해 기도하면서 깊이 생각해보았고, 아론에 대해 조심해야 할 이유로는 내가 들은 그 이야기 들 뿐이긴 했지만, 그에 대한 그 경고의 말들을 마음에 새기기로 했다.

성경은 우리에게 명철할 것을 요구하신다.

어떤 상황의 실체를 깨달아 아는 것이 항상 시간이 많이 걸리는 일은 아니다. 무슨 일이 일어나고 있는지 알기 위해 오랫동안 기도하거나 깊이 생각할 필요가 없을 때가 많다. 사실 대부분 우리는 그런 결정을 급히 내리곤 한다.

내 친구중 하나는 한밤중에 익명의 사람으로부터 계속 전화가 걸려온다. 전화를 한 사람은 항상 내 친구의 남편에 대해 안 좋은 이야기를 해주는데, 내 친구가 이 일에 대하여 결정을 내리는 데에는 긴 시간이 걸리지 않는다. 이런 상황에서 그녀가 해야 하는 유일한 일은 전화를 끊고, 그러한 희롱을 멈추기 위해 발신지를 추적하는 것이다.

종종 나는 우리 교회의 어떤 사람들에 대한 익명의 쪽지를 받곤 하는데, 그 쪽지에는 그 사람들이 아마도 했을 법한 일이나 하지 않았을 법한 일들이 열거되어 있곤 하다. 나는 그 쪽지들을 찢어버린다. 지금 내가 듣고 있는 말이 무엇인지 분별하는 데 꼭 긴 시간이 필요한 것은 아니다.

우리가 듣고 있는 것이 정말로 험담처럼 느껴지기 시작한다면 수동적으로 그 이야기들을 받아들일 것이 아니라 행동을 취할 필요가 있다.

3. 피하라

잠언은 "두루 다니며 한담하는 자는 남의 비밀을 누설하나니 입술을 벌린 자를 사귀지 말지니라"(잠 20:19)고 말한다. 매우 직선적인 표현이다.

험담하는 사람에게는 가까이 가지 말라. 같은 길로 다니지 말라. 그 사람으로부터 떨어지라. 만일 악한 험담만 난무하는 모임이라면 우리는 그런 모임에는 나가지 말아야 한다. 일종의 희생이긴 하지만, 그럴만한 가치가 있는 일이다.

이 잠언은 험담하는 칼럼, TV 프로그램, 블로그, 잡지, 채널 및 험담하는 페이스북 페이지에 대해서도 적용된다. 그런 것들은 우리의 영혼에 좋지 않고, 우리는 전염병인 것처럼 여기고 그것들을 피해야 한다.

만일 그것들에 중독된 상태라면, 도움을 구하라.

신뢰할 만한 이들과 함께 이것에 대해 서로 조언을 주고 감독도 해주는 책무 관계를 만들라. 그리고 당장 당신의 시스템으로부터 험담을 솎아내기 시작하라.

👉 하지만 그분은 제 어머니예요!

그 사람과 맺고 있는 관계 때문에, 험담하는 사람을 피할 수 없을 때가 종종 있다.

예를 들어 나탈리 역시 간호사 휴게실을 무작정 피해 늘 혼자 점심을 먹을 수는 없는 노릇이다. 거기서 다른 동료들과도 만나야 할 때가 있기 때문이다.

나탈리 처럼 우리도 그리스도를 위해 사람들에게 영향을 끼치도록 이러한 환경에 처해질 때가 많다. 사람들은 사회내의 각 그룹들에 속해 있고, 그러한 그룹들 안에 들어가면 사람들은 쉽게 험담에 빠져든다. 그러나 그리스도인으로서 우리는 빛과 소금이 되라고 부름 받았고, 그러한 사회 내 그룹들 안으로 전략적으로 침투해 들어가라는 부르심을 받았다. 우리가 어둠처럼 되지는 않지만, 아직 빛이 아닌 사람들을 사랑해야한다.

이러한 경우에는 사람이 아니라 대화 주제를 피해야 한다고 생각한다. 할 수 있는 한 대화의 방향을 바꿔 그 안에서 일어날 수 있는 험담을 피해가야 한다. 나는 나탈리에게 만일 대화가 클로에의 잘못에 관한 방향으로 흘러가면 대화 주제를 한번 바꿔보라고 조언해주었다.

"나탈리, 사람들에게 주말 계획이 뭔지, 아니면 가족들은 잘 지내는지, 그것도 아니라면 그 사람들이 관심 있어하는 것에 대해 물어봐. 대화의 주제를 바꿔보는 거야."

약간 엉큼해 보일 수도 있지만, 실은 리더가 되어 대화를 인도해가는 것이다.

성경은 말한다.

> 나무가 다하면 불이 꺼지고 말쟁이가 없어지면 다툼이 쉬느니라
> (잠 26:20).

험담만 제거해도 방 안의 분위기가 변한다.

4. 덮어 주라

잠언은 말한다.

> 허물을 덮어 주는 자는 사랑을 구하는 자요 그것을 거듭 말하는 자는 친한 벗을 이간하는 자니라(잠 17:9).

험담의 반대는 "덮어줌"이다. 잠언 10장에서도 말씀한다.

> 미움은 다툼을 일으켜도 사랑은 모든 허물을 가리느니라 (잠 10:12).

"모든 허물을 가리느니라"가 무슨 뜻일까?

어떤 일이 일어나지 않고 있는 척 하는 것이나 뭔가를 그저 숨기는 것이 아니다. 성경은 결코 범죄의 가해자에게 제멋대로 행동하게끔 허락하지 않는다. 죄를 직면하는 것은 결코 피해갈 수 없다. 잠언에서는 범죄에 참여하지 않았으면서 그 죄를 너그러이 용서해주는 사람들에 대해 이야기하고 있는 것이다. "덮어 줌"이라는 것은 베일로 잘못을 가려서 그 잘못을 볼 필요가 없는 사람들은 그 잘못을 보지 못하도록 하는 것을 뜻한다.

👉 노아의 하체를 덮다

창세기 9장에서 노아가 방주 밖으로 나온 후, 그는 하나님을 찬양하고 경배했다. 그리고 포도원을 만들고는, 술에 취했다. 창세기는 "포도주를 마시고 취하여 그 장막 안에서 벌거벗은지라"(창 9:21)고 적고 있다.

수치스러운 일이었다!

장막 안에서 벌어진 부끄러운 일이었다!

불행히도 아들 중 하나가 형제들에게 가서 그 일을 누설해 버렸다.

그가 뭐라고 말했는지 알 길은 없지만, "아버지가 무슨 짓을 한줄 알아? 빨리 와보라고!"라고 하지 않았을까?

그러나 나머지 두 아들들은 이렇게 행동했다,

> 옷을 가져다가 자기들의 어깨에 메고 뒷걸음쳐 들어가서 그들의 아버지의 하체를 덮었으며 그들이 얼굴을 돌이키고 그들의 아버지의 하체를 보지 아니 하였더라(창 9:23).

노아가 어리석은 짓을 저지르는 것을 아들들이 보는 것이 잘못된 일이었을까?

그럴 수도 있고, 그렇지 않을 수도 있다. 그러나 그 믿음직한 아들 둘은 그것을 보지 않기 위해 한층 더 주의를 기울였고, 그것으로 인해 칭찬을 받았다. 아버지가 불명예스러운 행동을 할 때도 아버지를 예우했다. 그들은 아버지의 잘못을 덮어 주었다.

우리도 다른 사람들에게 그렇게 할 수 있다. 그들에게 변명의 여지를 주기 위해서가 아니라 그들의 수치를 덮어 주어 그들의 죄가 다른 사람, 장소, 일에게 불필요하게 노출되지 않게 하도록 말이다.

어느 저녁에 헤더 조이와 나는 몇몇 선교사 친구들과 밖에서 식사를 함께 했다. 대화는 우리가 서로 아는 사람들 중 현재 목회 사역중인 이들에 대한 것으로 흘러갔다. 그 선교사 부부는 몰랐지만 헤더와 나는 그 목회자 부부에 대한 안 좋은 뭔가를 알고 있었는데, 어느 정도를 말해야 하고 어느 정도를 말하지 말아야 하는지 정말 고민이 되었다. 그 선교사 부부는 내가 매우 좋아하고 신뢰하는 이들이었기 때문에 그들에게는 많이 말하는 것이 내겐 쉬운 선택이었다. 그러나 그날 나는 그 목회자 부부의 불명예를 덮어 주기 위해 거의 이야기하지 않는 편을 택했다. 나는 정직했고 기탄없이 말했지만, 그들에게 필요한 만큼만 나누었다.

성경 교사인 조셉 스토웰은 우리가 아예 처음부터 그렇게 해야 한다고 말한다.

> 어떤 모임에서 누군가 사람들의 주의를 집중시킬 만큼 깊숙한 이야기를 하다가, "근데, 이런 얘기 정말 하면 안 되는데…"라고 하지요. 그러면 당연히 사람들이 일제히 "아, 이봐요, 지금 멈추면 어떻게 합니까? 아무에게도 얘기 안 할게요."라고 반응합니다. 그럴 때에 누군가 "잘했어요. 얘기하지 마세요. 자제력이 훌륭하시네요."라고 해준다면 아주 신선하지 않을까요? 우리는 부정적인 이야기들이 퍼지기 시작하기 전에 그걸 멈추게 할 수 있는 것들을 해야 합니다.[2]

멋진 생각이지 않은가?

우리의 몸짓이나 태도만으로도 할 수 있을 정도로 간단할 때가 종종 있다. 고개를 끄덕이거나, 팔꿈치로 쿡 찌르거나 윙크하는 것으로도 많은 이야기를 할 수 있다. 눈썹을 썰룩거리며 험담을 조장하지 말라.

---

2 조셉 M. 스토웰, 『혀를 다스리는 지혜』(*The Weight of Your Words: Measuring the Impact of What You Say*) 이지영 역 (서울: 하늘기획, 2009) 참고.

덮어 주는 행위로서의 지켜 주기

마찬가지로 누군가의 명예를 지켜 주는 것 역시 덮어 주는 행위에 포함되는데, 당신이 듣고 있는 그 이야기가 거짓임이 분명할 때 더욱 그러하다.

언젠가 참석했던 아침 식사 모임에서 "프랭크"(Frank)가 "케빈"(Kevin)에 관한 이야기를 나누었는데, 내가 아는 한 그 이야기는 거짓이었다. 프랭크가 말하길 케빈이 그의 아내를 떠나 지금은 다른 여자와 살고 있다는 것이었다.

"사실이 아니에요!"

내가 말했다(아, 정말이지, 하기에 매우 난처한 말이었다!).

불행하게도, 그 이야기가 사실인 것으로 드러났고, 내가 프랭크에게 사과해야 했지만, 나는 여전히 그때 내가 그렇게 했다는 것이 기쁘다. 다른 사람의 명예를 지켜 주는 것은 옳은 일이다. 프랭크에게 사과했을 때, 프랭크는 말했다.

"그때 뭔가 얘기하신 건 잘 하신 거예요, 목사님. 어차피 저도 케빈에 대해 이야기하지 말았어야 했죠."

"잘은 모르겠지만, 그건 우리가 상관할 바가 아닌 것 같습니다."

이렇게 말하는 것이 옳을 때가 많다. 그것이 사랑의 꾸짖음이고, 허물을 가리는 것이다.

나탈리의 계획

나탈리와 나는 머리를 맞대고 그녀 직장에서 사용할 수 있는 허물 덮어 주기 전략들을 좀더 생각해보았다. 나탈리는 클로에에 관한 험담에 대해 대안적인 해석을 제시해보는 아이디어를 생각해냈다.

> "그러니까, 클로에는 자기의 새로운 업무에 대해 아직 제대로 된 훈련을 못 받은 것일 수도 있어. 저도 일을 처음 시작했을 때 요령을 터득하는 것이 얼마나 힘들었는지 기억나."

나탈리는 이렇게 말하기로 결심했다.

클로에가 아직 나탈리의 친구도 아니었고, 나탈리가 자기를 위해 그런 말을 해 주었다는 것을 전혀 모를 수도 있겠지만, 나탈리는 클로에에게 자비의 손을 내밀기로 결심했다.

대단하지 않은가?

나탈리는 험담과 싸울뿐 아니라 그 한가운데에서 적극적으로 사랑하기로 결심한 것이었다!

우리는 또한, 툭하면 험담을 일삼는 그 간호사 무리에게 클로에가 자신의 새 업무에 적응하는 것을 도울 수 있는 방법들을 제안하는 것이 어떨까 하는 생각도 하게 되었다. 이 생각은 또 새로운 단계로의 도약, 즉 다른 사람들을 사랑으로 이끄는 것을 의미했다.

나탈리의 계획이 이루어질까?

아마도. 그러나 그 계획이 주님을 기쁘게 할 것임을 의심하지 않는다.

5. 가라

험담의 대상이 되어 있는 그 사람에게 직접 가는 것이 가장 좋을 때도 있다. 작가 다이아나 클레인(Diana Kleyn)이 자신의 책『열매 맺기: 자녀들을 위한 경건 이야기』(*Bearing Fruit: Stories about Godliness for Children*)에서 이에 대한 이야기를 나누어 준다.

> 한 목회자의 아내가 있었는데, 그녀는 자기 앞에서 벌어지는 비방이나 험담을 멈추게 하는 효과적인 방법을 알고 있었습니다. 사람들이 다른 이들에 대해 그다지 유쾌하지 않은 말을 하면 그녀는 자기 모자와 코트를 들고 자리에서 일어서곤 했지요.
> "어디 가시려구요?"
> 그 사람이 묻습니다.
> "당신이 말한 그 사람한테 가서 당신이 지금 한 말이 진짜인지 물어보려고요."
> 그래서 사람들은 그녀 앞에서는 다른 사람들에 대해 말하는 것을 매우 조심하게 되었다고 해요.[3]

당연히 그랬을 것이다!
다른 사람에 대한 이야기를 듣게 되면, 무조건 받아들이지 말라.
지금 듣고 있는 그 이야기가 정말인지 아닌지 알고 싶다면, 그 당사자에게 직접 가라.

---

3 Diana Kleyn, *Bearing Fruit: Stories about Godliness for Children* (Grand Rapids: Reformation Heritage, 2007), 136-37.

만약 그 당사자가 당신에게 직접 죄를 지은 사람인 경우에는 그에게 직접 가는 것이 더욱 중요하다. 우리 주님께서는 말씀하신다.

> 네 형제가 죄를 범하거든 가서 너와 그 사람과만 상대하여 권고하라 만일 들으면 네가 네 형제를 얻은 것이요(마 18:15).

함께 가라

어떤 이가 당신에게 다른 사람에 대한 불평을 늘어놓기 시작한다면, 그 불평의 대상이 된 사람과 직접 그것에 대해 이야기를 해보았는지 물어보는 것이 좋다.

이런 식으로 물어보라.

"이 문제에 대해 그 사람과 이야기해보셨는지요? 원하시면 저도 같이 가서 돕거나 증인이 되어드릴 수 있어요. 저랑 직접 그 사람에게 가기 전에는 더 이상 이 이야기는 안 들었으면 좋겠어요."

상황이 어려워질 수도 있고, 또한 이 일은 재미있는 일은 아니다. 여전히 어두움으로 덮여있는 세상에서, 빛과 어두움은 끊임없이 싸운다. 그러나 이 싸움은 단연코 가치 있는 일이다.

내 친구 중 "이안"(Ian)이라는 이는 중서부 지역에서 부목사로 일하고 있다. 부목사 일을 시작한지 얼마 안 되었을 때 교회 안에서 세력이 강한 목사 두 사람이 담임 목사에 대해 매우 부정적으로 이야기하는 것을 듣게 되었다. 그는 즉시 이 두 목사와 대면하여서는 자기와 함께 담임 목사에게 가서 그 문제에 대해 이야기해보자고 요구했다.

이안은 말한다.

내가 불이익을 당할까봐 걱정했지만, 2년이 지난 지금 그중 한 명은 겸손하게 담임 목사를 잘 보좌하고, 담임 목사님과 의견이 일치하지 않을 때에는 그에게 직접 그리고 솔직하게 말할 의지가 있는 리더가 되었어. 다른 한 분 목사님은 담임 목사님을 그다지 지지해주지는 못하지만 그래도 담임 목사님의 '통제 아래' 있지.[4]

쉬운 일이 아니었지만, 이 사람들과 기꺼이 함께 가고자 했던 이안의 의지가 그 상황을 멋지게 바꿔놓았다.

혼자 가라

그 사람이 함께 가지 않으려고 할 때가 있을 것이다. 험담의 대상이 되고 있는 사람에게 그걸 얘기해 주는 것은 사랑의 행동이므로, 어떤 경우에 있어서는 혼자서라도 가야한다. 다만 최대한 주의를 기울여서 말이다.

험담을 한 그 사람에 대해 험담하지 않도록 조심하라!

당신의 마음을 알고 당신의 동기를 점검하라.

앞 장에서 배운 전략들을 사용하라.

말을 할 때에는 할 수 있는 한 최대한으로 공감해주고, 은혜로 대하라.

만일 그 사람의 명예가 심각하게 훼손되고 있는 상황이라면, 험담의 목표물이 되고 있는 그 사람에게 당신이 들은 바를 알려 주고 그 상황이 해결되도록 함께 기도하는 것이 그를 위한 사랑의 행동이다.

---

4   필자가 받은 익명의 이메일 (2011년 8월 19일)

6. 미리 보기

당신도 나탈리처럼 다음에 험담을 마주했을 때 어떻게 할 것인지 좋은 생각이 떠올랐는가?

여전히 어두움으로 가득한 세상에서 어떻게 빛의 자녀로서 행동할 수 있는가?

제 3부에서는 반대 상황이 전개될 것이다.

'당신'이나 '내가' 험담의 대상(목표물)이 된다면 어떻겠는가?

우리에 대한 험담에 어떻게 반응할 것인가?

7. 그룹 토의를 위한 질문들

1) 나탈리의 이야기가 당신의 이야기 같은가?

당신은 어떤 사회적 환경에 있을 때 험담에 끼고 싶은 유혹을 자꾸 받는가?

그러한 환경들이 당신을 어렵게 하는 요인이 무엇인가?

함께 있는 이들이 험담을 시작할 때 당신에게는 "믿을 만한" 대책이 있는가?

당신의 주위 사람들이 험담을 시작하면 당신은 보통 어떻게 반응하는가?

2) 잠언 17:4, 에베소서 5:1-17, 그리고 야고보서 1:19를 읽으라.
   악한 듣기이란 무엇인가?
   당신이 어두움에 동조하고 있는 경우, 그것을 어떻게 알 수 있는가?

   _____
   _____
   _____

3) 이 장에서 제시한 첫 번째 대안은 "기도하고 깊이 생각하라"이다.
   당신에게 이 전략이 의미하는 바는 무엇인가?
   '당신은' 이것을 어떻게 실천하는가?

   _____
   _____
   _____

4) 아래 말씀들을 읽고, 나머지 세 가지 대안인 "피하라," "덮어 주라, 그리고 "가라"의 의미가 무엇인지, 또한 그것들이 의미하지 않는 것들은 무엇인지에 대해 이야기를 나누라.
   당신 주위의 현명한 이들은 이 전략들을 어떻게 실천하고 있는가?
   그것들을 실천하고자 할 때 빠지게 되는 흔한 함정들은 무엇인가?

   ① 피하라: 잠언 20:19 _____
   ② 덮어 주라: 잠언 10:12, 17:9 _____

제6장 ··· 험담의 대안: 듣기 **155**

③ 가라: 마태복음 18:15 _____

5) 나탈리는 험담과의 전투를 위해 주도적이고도 창의적으로 계획을 세 웠다.
  사랑을 실천하기 위해서는 왜 그렇게 많은 생각과 노력이 필요할까?
  다음에 험담과 맞닥뜨리게 될 때 '당신은' 어떻게 대처할 계획인가?

  _____
  _____
  _____

제3부 험담에 반응하기

제7장 믿음으로 반응하기
　▶ 내 평판에 대해 하나님을 신뢰하기

제8장 사랑으로 반응하기
　▶ 원수를 사랑하라?

제7장

믿음으로 반응하기
- 내 평판에 대해 하나님을 신뢰하기 -

> 여호와여 악인에게서 나를 건지시며 포악한 자에게서 나를 보전하소서 그들이 마음속으로 악을 꾀하고 싸우기 위하여 매일 모이오며 뱀 같이 그 혀를 날카롭게 하니 그 입술 아래에는 독사의 독이 있나이다(시 140:1-3).

사람들은 당신에 대해서도 험담할 것이다.

아직 그런 일이 없었다면, 마음의 준비를 하기 바란다. 언젠가는 사람들이 험담이라는 죄의 조준용 십자선에 맞춰 당신을 겨냥할 것이기 때문이다. 내 친구 윌리엄(William)에게도 그런 일이 있었다.

윌리엄은 부동산 임대업을 하는 그리스도인인데 부동산 관리에 있어 공정과 자비를 기하고자 노력하는 사람이다. 그런데 세입자 중 하나인 니콜라스(Nicholas)가 정해진 때에 월세를 내지 않아 월세 미납액이 쌓여가고 있었다. 니콜라스 역시 자기가 그리스도인이라 했지만 자기 빚에 대해 사과하고 갚아나가는 대신 동네를 돌아다니며 윌리엄의 사람 됨됨이에 대한 공격을 가하기 시작했다. 니콜라스가 윌리엄에 대해 사업가들 이웃들 그리고 친구들에게 하고 다닌 이야기들이 서서히 윌리엄에게도 흘러들어 갔다. 윌리엄은 큰 상처를 받았다.

당신이 윌리엄의 상황에 처했다면 어떻게 하겠는가?

'당신이 험담의 목표물이 되었을 때' 그 험담에 반응할 준비가 되어 있는가?

하지만 슬프게도, 우리가 어떤 이가 하는 해로운 말들의 목표물이 되었을 때에도 대부분의 경우 우리 자신은 그 사실을 알지 못한다. 치명적인 것은, 험담이 우리의 뒷전에서 우리가 보고 있지 않을 때 우리가 듣고 있지 않을 때 우리가 그 자리에 없을 때 일어난다는 것이다.

그러므로, 윌리엄처럼, 당신에 대한 소문을 전해 듣게 되었을 때 당신은 어떻게 하는가?

이러한 상황에 연루된 사람들, 특히 우리에게 나쁜 일을 행한 사람들과 어떻게 관계할 것인지를 다루기 전에, 우리가 험담의 대상이 되어버렸을 때 '하나님과의' 관계를 어떻게 할 것인지에 대해서 먼저 다루어야 한다.

1. 체험의 노래

시편은 다른 사람들이 범한 죄로 인한 피해자가 되었을 때 그것을 의롭게 견뎌내는 방법에 관해 가르치는, 성경 안에 있는 풍부한 광산이다. 시편은 체험에서 나온 노래들이다. 우리가 이제 읽어보려는 시편은 공격당하는 것, 쫓기는 것, 싫어버린 바 되는 것, 비방 받는 것 등 기타 모든 죄악들의 목표물이 되는 것에 대한 체험들을 이야기해 준다!

특히 다윗왕 인생의 대부분은 공격당하는 것으로 점철되었고, 성경에서 노래 형식으로 남겨진 그의 기도들은 오늘날 우리 삶 속에서도 적용할 수 있는 기도 형식이다.[1]

시편 140편은 다윗의 체험의 노래들 중 하나다. 그 시에서 다윗은 그가 험담의 대상이 된 채 살아야 했던 시기에 대해 노래한다.

이 시를 읽을 때 그가 하나님께 '어떤 식으로' 말하는지 주의 깊게 보라.

> 여호와여 악인에게서 나를 건지시며 포악한 자에게서 나를 보전하소서 그들이 마음속으로 악을 꾀하고 싸우기 위하여 매일 모이오며 뱀 같이 그 혀를 날카롭게 하니 그 입술 아래에는 독사의 독이 있나이다(셀라)
>
> 여호와여 나를 지키사 악인의 손에 빠지지 않게 하시며 나를 보전하사 포악한 자에게서 벗어나게 하소서 그들은 나의 걸음을 밀치려 하나이다 교만한 자가 나를 해하려고 올무와 줄을 놓으며 길 곁에 그물을 치며 함정을 두었나이다(셀라)
>
> 내가 여호와께 말하기를 주는 나의 하나님이시니 여호와여 나의 간구하는 소리에 귀를 기울이소서 하였나이다 내 구원의 능력이신 주 여호와여 전쟁의 날에 주께서 내 머리를 가려 주셨나이다 여호와여 악인의 소원을 허락하지 마시며 그의 악한 꾀를 이루지 못하게 하소서 그들이 스스로 높일까 하나이다(셀라)
>
> 나를 에워싸는 자들이 그들의 머리를 들 때에 그들의 입술의 재난이 그들을 덮게 하소서 뜨거운 숯불이 그들 위에 떨어지게 하

---

1 이 장에서 시편 140편을 공부한 후에는, 시편 35, 37, 55, 59편 및 69편을 분석하며 더욱 깊이 들어가 말로 공격해올 때 어떻게 견뎌낼 수 있는지에 대한 지혜를 얻으라.

시며 불 가운데와 깊은 웅덩이에 그들로 하여금 빠져 다시 일어나
지 못하게 하소서 악담하는 자는 세상에서 굳게 서지 못하며 포
악한 자는 재앙이 따라서 패망하게 하리이다
내가 알거니와 여호와는 고난 당하는 자를 변호해 주시며 궁핍한
자에게 정의를 베푸시리이다 진실로 의인들이 주의 이름에 감사
하며 정직한 자들이 주의 앞에서 살리이다(시 140:1-13)

 험담은 왜 상처가 되는가?

시편 140편을 자세히 살펴보기 전에, 험담의 대상이 되는 것이 왜 나쁜지 조금 더 생각해볼 필요가 있다.

그것은 왜 그토록 어렵고도 고통스러울까?

과연 그것은 독특한 종류의 고난이다.

먼저 험담은 배신이기 때문이다. 험담은 일종의 배반이다. 가까운 친구, 우리가 믿는 누군가가 우리의 뒷전에서 나쁜 이야기를 퍼뜨린다는 것이 밝혀진다. 다윗왕은 이런 종류의 배신을 경험했다. 시편 55편에서 그는 이렇게 썼다.

> 나를 책망하는 자는 원수가 아니라 원수일진대 내가 참았으리라
> 나를 대하여 자기를 높이는 자는 나를 미워하는 자가 아니라 미
> 워하는 자일진대 내가 그를 피하여 숨었으리라 그는 곧 너로다 나
> 의 동료, 나의 친구요 나의 가까운 친우로다 우리가 같이 재미있
> 게 의논하며 무리와 함께 하여 하나님의 집 안에서 다녔도다
> (시 55:12-14).

윌리엄이 니콜라스에 대해 이렇게 느꼈던 것이다. 윌리엄은 그리스도인인 세입자를 만나게 되어 무척 기뻤다. 멋진 교제에 대한 기대가 컸다! 그러나 니콜라스가 윌리엄의 등에 칼을 꽂은 것이다.

다음으로 배신은 우리에게 상처를 입히는 동시에, 우리가 무방비 상태에 놓여 있는 것처럼 느끼게 만든다. 사람들이 우리에 대해 뭐라고 수군거리는지 모르면 우리는 쉽게 두려움에 휩싸인다. 한 때는 모든 것이 순조로운 것 같았는데, 어느 순간 보이지 않는 소문이 우리 주위에 퍼져 있음을 알게 된다. 이미 우리가 통제할 수 없는 상황이 된 것이다.

지금 이렇게 느끼고 있는가?

최근에 자신이 험담의 대상이 되었다는 사실을 발견했다면, 자기 자신은 무력하고 상황은 통제 불가능한 것처럼 느껴질 것이다. 사람들이 당신에 대해 뭐라고 수군거리는지 모르는 것, 그리고 상황을 통제할 역량이 안 되는 것은 무서운 일이다.

시편 55편에서 다윗이 그것에 대해 노래한다.

> 내 마음이 내 속에서 심히 아파하며 사망의 위험이 내게 이르렀도다 두려움과 떨림이 내게 이르고 공포가 나를 덮었도다 나는 말하기를 만일 내게 비둘기 같이 날개가 있다면 날아가서 편히 쉬리로다 내가 멀리 날아가서 광야에 머무르리로다 (셀라) 내가 나의 피난처로 속히 가서 폭풍과 광풍을 피하리라 하였도다(시 55:4-8).

다윗은 도망가서 숨을 수만 있다면 그렇게 했을 것이라고 말한다.
하지만 '그는 왕이었다!'
그러니 당신이나 나 같은 사람들에게 악한 험담이 얼마나 무섭고 주눅

들게 하는 것이겠는가?

험담의 대상이 될 때 가장 고통스러운 면은 아마도 우리의 명예가 도적질당한 것을 보며 느끼는 상실감일 것이다. 대답하기 까다로운 질문을 하나 하겠다.

우리의 명예에 신경을 쓰는 것이 옳은 일인가?(이 질문에 답하는 것은 쉽지 않다는 것을 기억하라. 충분히 생각해본 후에 답하라!)

당신의 명성을 중시하는 것이 옳은 일인가?

대답은 "예"이다.

잠언 22장은 말한다.

> 많은 재물보다 명예를 택할 것이요 은이나 금보다 은총을 더욱 택할 것이니라(잠 22:1).

명성은 행복하고도 가치 있는 것이다. 명예는 우리가 원하는 것이요 또한 우리가 키워나가야 하는 것이지만, 동시에, 우리가 통제 하는 대로 늘 그렇게 되는 것도 아니다. 우리는 마케팅이나 PR을 통하거나 우리에 대한 사람들의 의견을 조작함으로써 우리의 명예를 키우는 것이 아니라, 좋은 성품의 남자와 좋은 성품의 여자가 됨으로써 명예를 키워나가야 한다. 잠언은 명예를 지혜와 연결시킨다. 지혜로운 남자나 여자는 명예를 얻을 것이다.

그러나 험담은 많은 경우 우리의 명예를 앗아간다. 셰익스피어는 그것을 희곡 오셀로(Othello)에서 아래와 같이 표현했다:

> 남자에게든 여자에게든 명예란, 장군이시여

영혼의 목전에 놓인 보석입니다.
내 지갑을 훔치는 자는 쓰레기를 훔치는 것일 뿐.
한 때 중요했지만, 지금은 아무 것도 아니지요.
한 때 제 것이었지만, 이제는 그 사람 것이지요.
돈이란 수많은 이들의 노예일 뿐입니다.
그러나 내게서 내 명예를 빼앗아간다면,
그는 자기를 전혀 부자로 만들 수 없는 것,
그러나 나를 가난하게 만들어버리는 그것을 훔쳐가는 것입니다.[2]

내 친구 윌리엄이 바로 그렇게 느꼈다.

건물주로서의 명예는 그에게 있어 매우 중요한 것이었는데, 그에게서 빠져나가고 있었던 것처럼 보였다.

그러므로 명예를 잃고 슬퍼하는 상황 속에 처하게 될 때, 우리는 어떻게 해야 할까?

시편 140편으로 돌아가 보자.

2. 여호와께 고하라

문제가 생길 때 다윗이 어디로 가는지 주목하라.

그는 말한다.

---

2   윌리엄 셰익스피어(William Shakespeare), 『오셀로』(Othello), 3.3.

> 여호와여 악인에게서 나를 건지시며 포악한 자에게서 나를 보전
> 하소서 그들이 마음속으로 악을 꾀하고 싸우기 위하여 매일 모이
> 오며(시 140:1-2).

다윗은 그의 상황을 맨 먼저 여호와께 고한다. 우리 역시 그렇게 해야 한다.

① 하지만 우리는 먼저 여호와께 가려고 하지 않는다.
② 우리는 우리 손으로 일을 해결하려든다.
③ 우리는 냉정하게 대적들에 대해 험담한다!
④ 우리에 대해 불평하는 이들에 대해 불평한다.
⑤ 일의 전후관계를 분명히 해두고자 분주히 돌아다닌다.

윌리엄도 먼저 전후관계를 분명히 해두고자 하는 전략을 시도했다. 그는 니콜라스가 험담을 퍼뜨린 곳은 모조리 들러서 그가 오염시킨 모든 사람과 대화를 시도했다. 윌리엄은 말했다.

> 솔직히 말해 처음에는 정말 어려웠어. 언제나 내 자신을 변호하고
> 자 하는 배경 출신이었기 때문이었지. 보복하기 위해서가 아니라,
> 모두에게 내 이야기도 하고 싶었던 거야.[3]

하지만 모든 이들을 만나는 것은 그에게 불가능한 일이었다.

---

3   필자가 받은 익명의 개인적 편지 (2011년 여름)

그 일이 엄청난 일이라는 게 명확해졌고 내 정신 건강까지 해치고 있었어. 내가 [니콜라스를] 여호와께, 내 자신을 포함해서 맡겨 드리자 비로소 안식할 수 있었지. 내가 직접 간섭하는 것이 아니라 여호와께서 내 성품을 보호해 주시도록 내어드렸어. 내 자신이 중요한 게 아니고 여호와께서 내 안에서 무엇을 하고 계시는가가 중요한 것이었으니까. 드디어 짐이 벗겨진 거지.[4]

그 일을 여호와께 고한 후 윌리엄은 자유와 기쁨을 찾았고, 훗날까지 계속 그것을 누릴 수 있었다.

 있는 그대로(사실대로) 말하라

시편 140편 초두에서 다윗이 여호와께 어떻게 부르짖었는지 주목하라. 그의 요구는 구체적이었다.

> 나를 구하소서! 나를 보호하소서!

그는 그의 상황이 어떤지 하나님께 말하는데, 완곡어법을 사용하지 않는다. 그는 이렇게 말한다.

> 뱀 같이 그 혀를 날카롭게 하니 그 입술 아래에는 독사의 독이 있나이다(시 140:3).

4　위의 글.

다시 말한다.

> 여호와여, 이 험담꾼들이 말하는 모습이 뱀 같습니다! 그들은 뱀처럼 물고, 그들의 말은 독으로 가득합니다. 그들은 사탄의 언어를 말합니다. 도와주소서!

상황이 어떤지 하나님께 아뢰는 것을 두려워하지 말라.

하나님은 우리가 감정도 없이 그저 씽긋 미소 지으며 금욕주의적으로 상황을 견디라 명하시는 것이 결코 아니다! 하나님은 우리가 정확히 어떻게 느끼고 있는지를 당신께 아뢰도록 우리를 초청하신다.

- ❋ "주님, 공격당하는 느낌입니다."
- ❋ "주님, 배신당한 느낌입니다."
- ❋ "주님, 무섭습니다."
- ❋ "주님, 화가 납니다."
- ❋ "주님, 험담의 대상이 되는 것이 정말 싫습니다."
- ❋ "주님, 이 일을 처리해 주세요!"

> 여호와여 나를 지키사 악인의 손에 빠지지 않게 하시며 나를 보전하사 포악한 자에게서 벗어나게 하소서 그들은 나의 걸음을 밀치려 하나이다(시 140:4).

다윗은 우리 중 누구보다도 어려운 상황에 맞닥뜨렸던 것 같다. 다윗의 대적들은 다윗이 죽기를 바랬다. 당신이나 나에 대해 험담하는 이들은 우리가 죽기를 바라지는 않겠지만, 원칙은 다윗에게나 우리에게나 동일하다.

여호와께 고하라.

다윗은 계속해서 간청한다.

> 교만한 자가 나를 해하려고 올무와 줄을 놓으며 길 곁에 그물을 치며 함정을 두었나이다(시 140:5).

그는 본질적으로는 "쉽지 않습니다, 주님! 싫습니다. 넘어질 것 같습니다. 쓰러지고 말 것입니다."라고 하고 있는 것이다.

믿음이 있다고 해서 고난이 줄어드는 것은 아니다. 그저 "별 일 아니야"라고 말하는 것이 믿음은 아니다. 믿음은 어떤 상황이 고통스럽지 않다거나 무섭지 않은 척하지 않는다. 믿음이 하는 일은 우리의 문제에 대해 진정으로 염려해주시고 그 문제를 해결할 능력이 있는 그분께 우리의 문제를 가져가는 것이다.

 누구에게 말하고 있는지를 기억하라

다윗의 기도는 하나님과 그 자신의 관계에 기초를 둔 것이었다.

기도를 계속하며 다윗은 말한다.

> 내가 여호와께 말하기를 주는 나의 하나님이시니 여호와여 나의 간구하는 소리에 귀를 기울이소서 하였나이다 내 구원의 능력이신 주 여호와여 전쟁의 날에 주께서 내 머리를 가려 주셨나이다 여호와여 악인의 소원을 허락하지 마시며 그의 악한 꾀를 이루지

못하게 하소서 그들이 스스로 높일까 하나이다(시 140:6-8).

다윗은 어디엔가 존재할 것 같은 어떤 신적인 존재에게 뭔가를 해 달라 부탁하고 있는 것이 아니다. 그는 그와 언약을 맺으신, 다윗 자신이 속한 바로 그의 하나님께 간구하고 있는 것이다. 다윗은 이미 하나님이 그를 위해 일하시는 것을 목도했다.

그는 말하고 있다.

> 내 구원의 능력이신 여호와여, 당신은 이전에도 저와 함께 하셨습니다. 전쟁의 날에 주께서 내 머리를 가려 주셨나이다. 이번에도 저와 함께 하실 것임을 믿습니다(시 140: 7).

나는 사람들이 나에 대해 험담했던 때를 다 알지 못한다. 그런 때가 많았을 것이라 추측할 뿐이다. 작은 우리 교회 공동체에서 나는 거의 공인(公人)이고, 15년간 목회하면서 사람들 사이에 일어난 숱한 갈등 문제에 연루되어왔다. 나에 대한 험담 중에는 내가 스스로 자초한 것들도 있을 것이다. 사람들이 나에 대해 나쁜 이야기를 '퍼뜨렸어야' 했다는 것이 아니라, 실은 그 안 좋은 이야기들 중 일부는 사실이었다는 말이다. 나는 죄인이고 실패할 때가 있다.

하지만 내가 '알게 된' 나에 대한 모든 험담들은 내게 깊은 고통을 안겨 주었지만, 그 모든 과정 속에서도 하나님은 나와 나의 명예 그리고 내 목회를 끊임없이 계속 보호해 주셨다. 이로 인해 하나님께 깊이 감사한다. 또한 이 경험은 '다음에도' 나의 어려움들을 여호와께 맡겨 드릴 준비가 되도록 해주었다.

하나님은 전쟁의 날에 언제나 내 머리를 가려 주셨는데 어찌 항상 그분께 의지하지 않겠는가?

3. 하나님께 정의를 시행해달라고 간구하라

다윗은 악인들의 계획을 방해해 달라고 하나님께 구했다. 사실 그는 '역전'을 구했다. 대적들이 다윗에 대하여 계획하던 악한 일들이 자신들의 머리 위로 돌아가도록 말이다. 다윗은 정의를 원했다.

> 여호와여 악인의 소원을 허락하지 마시며 그의 악한 꾀를 이루지 못하게 하소서 그들이 스스로 높일까 하나이다 (셀라) 나를 에워싸는 자들이 그들의 머리를 들 때에 그들의 입술의 재난이 그들을 덮게 하소서 뜨거운 숯불이 그들 위에 떨어지게 하시며 불 가운데와 깊은 웅덩이에 그들로 하여금 빠져 다시 일어나지 못하게 하소서 (시 140:8-11).

다윗과 다른 시편 기자들은 계속적으로 정의를 구하였다. 그들은 그들의 명예 역시 보호해 주시기를 구하였다. "내 명예를 보호해 주소서"라고 기도하는 것은 잘못된 것이 아니다. 예를 들어 시편 71편은 말한다.

> 여호와여 내가 주께 피하오니 내가 영원히 수치를 당하게 하지 마소서(시 71:1).

이것이 실제로 의미하는 바는 크다.

> 다른 사람들의 눈에 제가 나쁘게 보이지 않게 해 주소서.
> 제 명예를 지켜 주소서.
> 이는 궁극적으로 저를 위한 것이 아니고 주님을 위한 것입니다.
> 제 명예가 부당하게 악화되지 않도록 하소서.
> 오 주님, 정의를 시행하소서![5]

당신이 처한 상황 속에서 정의가 시행되도록 기도했는가?

누군가 당신에 대해 험담을 했고 사람들이 모두 그 사람이 한 말을 믿는 것 같다면, 그 문제를 여호와께 가지고 가 정의를 시행해달라고 구하라.

 동시에 해야 하는 두 가지 어려운 일

처음에는 정의에 대한 시편 기자의 부르짖음과 원수를 사랑하라고 하시는 우리 주님의 가르침을 조화시키기가 쉽지 않을 것이다. 쓴 뿌리나 개인적 원한이 없다면 시편 140:10의 기도를 드리기가 아직은 버겁게 느껴질 수 있다.

---

5 이 부분에 대한 통찰에 대해 나는 더글러스 윌슨(Dougals Wilson)과 존 파이퍼(John Piper)에게 빚진 바가 크다. Douglas Wilson의 블로그 Blog and Mablog에 올린 글 "Not Wanting to Look Bad." 링크: http://dougwils.com/?option=com_content&view=article&id=8410:not-wanting-to-look-bad&catid=43:exhortation. (최종 접속일: 2011년 10월 18일). "부당하게"라는 말은 존 파이퍼가 2011년 2월 19일 Desiring God 웹사이트에 올린 "What If Your Reputation Is Unjustly Bad?"라는 글에서 쓴 것이다. 링크: http://www.desiringgod.org/blog/posts/what-if-your-reputation-is-unjustly-bad. (최종 접속일: 2011년 10월 18일).

뜨거운 숯불이 그들 위에 떨어지게 하시며 불 가운데와 깊은 웅덩
이에 그들로 하여금 빠져 다시 일어나지 못하게 하소서(시 140:10).

그런 식으로 기도함과 동시에 회개하려는 사람들에게 자비를 베푸는 것은 거의 불가능해 보일 수 있다. 그러나 가능한 일이다.

어렵고 상반되는 일 두 가지를 동시에 하실 수 있는 유일한 분이신 예수님처럼 된다면 가능한 일이다. 뱀의 혀로 무장한 다윗의 대적들이 그 길에서 돌아서서 진심어린 용서를 구했다면, 나는 다윗이 분명 기쁜 마음으로 그들을 용서했을 것이라 믿는다. 다윗은 분노로 불 탈 때가 많았지만 동시에 은혜도 풍성히 베푸는 사람이었다. 바로 그런 점에서 그는 은혜로우신 하나님과 닮아 있었다.

그러나 하나님은 은혜롭기만 하신 것이 아니다. 그분은 또한 거룩하고 정의로우시다. 회개하지 않는 자들을 징벌하신다는 의미이다. 하나님은 둘 중 하나가 아니라 둘 다이시다. 그러므로 원수를 여전히 사랑함과 동시에 정의가 시행되도록 구하라.

예수께서는 그리 하셨고, 십자가에서 그가 하신 일을 통하여 우리 역시 그 일을 할 수 있도록 해주셨다. 그의 희생은 자비를 베풂이었던 것과 동시에 의의 요구의 충족이었다.

당신에 대해 험담한 사람이 와서 용서를 구한다면 용서하라. 즉시, 거저, 기쁨으로. 정의가 실현될 것이다. 정의는 항상 실현될 것이다. 그러므로 용서하기를 두려워하지 말라. 또한 당신의 상황에 정의를 시행해달라고 겸손히 하나님께 구하는 것을 두려워하지 말라.

4. 하나님이 응답하실 것을 믿으라

시편 140편의 마지막 부분에서 다윗은 굳건한 믿음으로 노래한다.

> 내가 알거니와 여호와는 고난당하는 자를 변호해 주시며 궁핍한 자에게 정의를 베푸시리이다 진실로 의인들이 주의 이름에 감사하며 정직한 자들이 주의 앞에서 살리이다(시 140:12-13).

다윗은 하나님께서 그의 요청에 응답하실 것임을 '알고 있었다.' 그는 일이 올바르게 풀릴 것임을 '알고 있었다.' 그는 하나님이 정의를 시행하실 것임을 '알고 있었다.'

시편의 일관된 메시지는 이것이다.

> 네 짐을 여호와께 맡기라 그가 너를 붙드시고 의인의 요동함을 영원히 허락하지 아니하시리로다(시 55:22).

하나님이 되갚아주실 것이다. 정의를 갈망하며 울부짖는 자들을 위해 정의를 시행해주실 것이다. 당신의 명예는 지켜질 것이다!

'그러나 그 일이 이루어지기까지 기다려야 할 수 있다.'

우리는 모든 일이 '바로 지금' 우리의 시간표에 맞춰 이루어지기를 기대하는 즉각성의 사회에 살고 있다. 내가 좋아하는 옛날 농담 중에, 과학자들이 전자렌지 벽난로를 발명해서 미국인들은 이제 단 8분 안에 벽난로 불 앞에서 평안한 저녁 시간을 보낼 수 있다고 하는 것이 있다. 우리 인생의 다른 영역에서와 마찬가지로 우리는 정의가 당장 실현되기를 바란다.

그러나 하나님의 시간표는 우리의 시간표와 다르다. 목회를 하는 내 친구 한 명은 "하나님은 거의 일찍 오시지 않지만, 결코 늦는 법이 없으시지"라고 종종 이야기한다. 이와 유사하게 시편 37편에서 다윗이 이렇게 말한다.

> 여호와 앞에 잠잠하고 참고 기다리라 자기 길이 형통하며 악한 꾀를 이루는 자 때문에 불평하지 말지어다 분을 그치고 노를 버리며 불평하지 말라 오히려 악을 만들 뿐이라 진실로 악을 행하는 자들은 끊어질 것이나 여호와를 소망하는 자들은 땅을 차지하리로다 잠시 후에는 악인이 없어지리니 네가 그 곳을 자세히 살필지라도 없으리로다 그러나 온유한 자들은 땅을 차지하며 풍성한 화평으로 즐거워하리로다(시 37:7-11).

조금 더 기다려야 할 수 있다.
그러나 하나님이 정의를 시행하실 것임을 신뢰하라.
당신의 명예에 대해서도 하나님을 신뢰하라.

좋긴 해도, 하나님은 아닌

내가 던졌던 그 까다로운 질문을 기억하는가?
당신의 명예에 대해 신경 쓰는 것이 옳은 일인가?
여기서는 다른 대답을 주고 싶다.
"아니오. 별로 옳은 일이 아닙니다."
좋은 명예란 귀중한 것이지만, 그것을 놓고 걱정할 만큼 가치가 있는 것은 아니다. 다시 말하지만, 시편 37에서는 "[그것에 대해] 불평하지 말라 오히려 악을 만들 뿐이라"(시 37:8)고 말씀한다.

우리의 명예에 대해 걱정하기 시작하면 뭔가 좋은 것을 취하여 그것을 신, 즉 우상으로 만들어버리게 된다. 우상들은 무자비한 공사 현장 감독들이다. 우리에게 엄청난 요구를 해대지만 우리를 거의 도와주지 않는다. 모든 것을 하나님의 손에 맡기기까지, 윌리엄은 자신의 명예에 대해 근심하느라 잠을 못 자고 건강이 망가졌다. 우상을 따라가기 시작하면 그런 일들이 일어난다. 우상은 언제나 우리를 실망시킨다.

당신의 명예에 대해 너무나 많은 걱정을 하지 않도록 하라.

 하나님이 정의를 보장하신다

하나님이 우리를 방어해 주시기 위해 오시기까지 우리가 기다려야 하는 시간은 견딜 수 없을 만큼 길게 느껴질 수 있다. 주 예수님의 경우를 보라. 하나님이 상황을 회복시켜 주신 것은 예수님이 '하나님의 공의 가운데 죽고 난 후였다.' 예수께서는 부활을 통하여 의롭다함을 받으셨다(딤전 3:16을 보라). 상황이 나아지기 전에 상황이 악화되기만 할 수도 있다.

하지만 기억하라.

반드시 '나아질 것이다!'

하나님은 정의를 약속하셨고, 정의를 실현하는 것, 즉 명예를 회복시키고 모든 것을 옳게 만드시는 것은 그분의 성품이다.

예수님은 남들이 우리에 대해 험담할 때 우리의 마음이 어떤지 이해하신다.

다윗도 공격당하는 것이 어떤 것인지 알았는데, 시편의 성취이신 예수께서는 얼마나 더 잘 이해하시겠는가?

시편 140편은 힘있게 마무리된다.

> 진실로 의인들이 주의 이름에 감사하며 정직한 자들이 주의 앞에 서 살리이다(시 140:13).

예수께서는 13절을 바로 지금 살아내고 계시고, 우리가 우리의 믿음을 주님께 둘 때 우리도 그렇게 살 수 있다.

5. 그룹 토의를 위한 질문들

1) 당신이 험담의 대상이 되었던 때가 있다면 그룹에게 이야기하라. (이야기를 나눌 때에는 다른 사람의 명예에 대해서도 주의를 기울이기 바란다.)
   그때 기분이 어땠는가?
   당신은 어떻게 반응했나?

2) 시편 140편을 읽으라.
   여호와와 다윗의 관계에 대하여 당신이 깨달은 것은 무엇인가?
   다윗은 무엇을 구했나?

다윗은 하나님이 무엇을 해 주시기를 바랬나?

다윗은 하나님께 어떤 식으로 이야기했나?

3) "당신의 명예에 대해 신경 쓰는 것이 옳은 일인가?"

그 질문에 대해 처음에 어떻게 대답했나?

왜 그렇게 대답했는가?

4) 건물주 윌리엄은 결국 니콜라스, 자기 자신, 그리고 자신의 모든 상황을 여호와께 맡겨드려야 했다.

어떻게 그가 그런 결정을 내렸다고 생각하는가?

그는 어떤 행동을 취했을까?

맡겨드리는 것을 한 번만 했을까, 아니면 지속적으로 계속 해야 했을까?

5) 우리의 명예와 관련하여 하나님을 신뢰하는 데 있어 가장 어려운 부분은 하나님의 정의가 실현되기까지 기다리는 일일 것이다.
의롭다함을 받기까지 기다리셔야 했던 예수님을 생각하는 것이 도움이 되는가?
어떻게 도움이 되는가?

_____

_____

_____

제8장
사랑으로 반응하기
- 원수를 사랑하라? -

> 너희 원수를 사랑하며 너희를 박해하는 자를 위하여 기도하라(마 5:44).

"샘"(Sam) 목사는 험담 때문에 사역지를 떠나야 했다.
샘이 목회하던 캘리포니아의 교회에서 반감을 품은 한 여자 성도가 자기 소그룹에서 샘에 대해 불평을 늘어놓기 시작했고, 나중에는 교회 장로들에게까지 그렇게 했다. 그녀는 강단에서 샘이 했던 어떤 말들 때문에 기분이 상했을 뿐만 아니라 개인적으로 샘을 마음에 들어하지도 않았다. 지혜로운 이들 몇몇이 그녀에게 이 문제를 샘 목사에게 직접 이야기하라고 조언했지만 그녀는 말을 듣지 않고 다른 이들에게 샘 목사에 대한 이야기를 계속 했다. 얼마 지나지 않아, 공개적으로 이야기된 것은 하나도 없었지만, 샘에 대한 부정적인 의견들이 교회 전반에 걸쳐 괴저병처럼 퍼져버렸다.

화해를 위해 노력하는 대신, 당회는 그 험담에 귀를 기울였다.

그들은 샘을 사임시키기로 결정했다. 그를 고발한 그 여자와 대면할 기회를 얻지 못할 거라는 사실, 그리고 교회 지도자들로부터 어떠한 지지도 받지 못하고 있다는 것이 명백해지자 샘은 혼란과 상처 속에 조용히 교회를 떠났다.

이 슬픈 상황을 멀리서 지켜보던 샘의 친구가 내게 이 이야기를 해 주었을 때, 나에게 가장 깊은 인상을 주었던 것은 샘이 험담 앞에서 보여주었던 행동이었다. 샘 목사는 그의 명예에 대하여 하나님을 신뢰했다. 더 놀라웠던 것은, 샘 목사가 자신의 원수를 사랑했다는 것이었다. 배신으로 상처를 받긴 했지만, 그는 대적들에게 반격하지 않았다. 그는 결코 험담하는 길을 택하지 않았다. 그는 그때나 지금이나 계속 화해를 추구한다. 그는 교회를 위해 기도했고, 친절함과 은혜로 반응했다. 그는 예수님처럼 행동했다.

1. 뭐라구요, 누굴 사랑하라구요?!

당신은 원수를 어떻게 대하는가?

당신에 대해 험담을 하는 사람은 당신의 원수로서 행동하는 것이다. 겉으로 보기에는 원수가 아닐 수도 있다. 그러나 당신의 가장 가까운 친구가 그런 사람일 수도 있다. 어찌되었든 악한 마음에서 나온 나쁜 이야기가 당신의 뒷전에서 퍼뜨려지고 있는 바로 그 때에, 그 퍼뜨리는 일을 하는 그 사람이 바로 당신의 원수로 행동하고 있는 사람이다.

그러므로 다시 묻고 싶다.

당신은 원수를 어떻게 대하는가?
우리의 주이신 예수님은 이렇게 답하신다.

> 또 네 이웃을 사랑하고 네 원수를 미워하라 하였다는 것을 너희가 들었으나 나는 너희에게 이르노니 너희 원수를 사랑하며 너희를 박해하는 자를 위하여 기도하라 이같이 한즉 하늘에 계신 너희 아버지의 아들이 되리니 이는 하나님이 그 해를 악인과 선인에게 비추시며 비를 의로운 자와 불의한 자에게 내려주심이라 너희가 너희를 사랑하는 자를 사랑하면 무슨 상이 있으리요 세리도 이같이 아니하느냐 또 너희가 너희 형제에게만 문안하면 남보다 더하는 것이 무엇이냐 이방인들도 이같이 아니하느냐(마 5:43-47).

우리가 산상수훈(마 5-7장을 보라)이라 부르는 장에서, 예수께서는 우리에게 원수를 사랑하라 가르치신다. 그 설교중 위에 인용한 부분에서, 하나님의 법에 대한 사람들의 오해와 곡해를 완벽하게 교정하셨고, 율법을 정확하게 해석하셨을 뿐 아니라 자신의 신적 권위를 담은 선언, 즉 그리스도의 법을 설명해 주셨다. 이 설교에서 예수께서는 "...이라 한 것을 너희가 들었으나"라는 표현을 여러 번 쓰셨는데 43절에 나온 것이 여섯 번째이다. 주께서는 이 말을 하실 때마다 사람들이 들었던 것과는 매우 다른 가르침으로 도전하셨다.

예수님의 도전적인 가르침은, 타종교에서 말하는 것이나 우리의 본능이 우리로 하여금 믿고 행하게 하는 것들은 말할 필요도 없이, 오늘날 우리 문화에서 우리가 접하는 것들과도 전적으로 다르다. "원수를 사랑하라"는 말씀은 특히 그러하다.

그 말씀은 정말이지 자연스럽게 실천하기 어려운 말씀이다!

레위기에 "네 이웃 사랑하기를 네 자신과 같이 사랑하라"(레 19:18)는 말씀이 있긴 하다. 그러나 예수님 당시 교사들은 그 말씀이 "너희 동포, 너희 형제, 너희 종족만을 사랑하라"는 것을 의미하는 것으로 가정했다. 그들은 그 말씀으로부터 "네 원수를 미워하라"를 추론해낼 수 있다고 생각했다.

그러나 율법 어디에서도 "네 원수를 미워하라"고 말하지 않는다. 그러므로 예수께서는 "나는 너희에게 이르노니 너희 원수를 사랑하며 너희를 박해하는 자를 위하여 기도하라"(마 5:44)고 도전하신다.

누군가를 사랑한다고 해서 반드시 그를 좋아해야 하는 것은 아니다.

가장 최근에 당신에 대해 험담한 사람을 떠올려 보라.

지금 마음속으로 그 사람을 떠올렸는가?

예수께서는 당신에게 그 사람을 사랑하라고 요청하신다. 감성을 자극하는 애정 어린 종류의 사랑이 아니다. 애착도 아니다. 적극적으로 상대방의 유익을 구하는 사랑이다. 사랑은 본질적으로 행동이지 감정이 아니다. 사랑은 다른 사람의 유익을 추구한다. 사랑에는 감정이 필요하지만, 사랑은 누군가를 좋아하는 것 또는 그 사람이 하는 일을 무조건 괜찮다고 생각해 주는 것과 동일한 것이 아니다. 사랑이 얼마나 적극적인 것인지 보라.

> 사랑은 오래 참고 사랑은 온유하며 시기하지 아니하며 사랑은 자랑하지 아니하며 교만하지 아니하며 무례히 행하지 아니하며 자기의 유익을 구하지 아니하며 성내지 아니하며 악한 것을 생각하지 아니하며 불의를 기뻐하지 아니하며 진리와 함께 기뻐하고 모든 것을 참으며 모든 것을 믿으며 모든 것을 바라며 모든 것을 견

디느니라 사랑은 언제까지나 떨어지지 아니하되 (고전 13:4-8).

우리는 친구들에게뿐 아니라 원수들을 향해서도 적극적인 사랑을 보여 줘야 한다.

아빠처럼

우리가 적극적으로 사랑할 때, 우리는 가족 유사성을 보여 주는 것이 된다. 예수께서는 말씀하셨다.

너희 원수를 사랑하며 너희를 박해하는 자를 위하여 기도하라 이같이 한즉 하늘에 계신 너희 아버지의 아들이 되리니(마 5:44-45).

다른 곳에서 예수께서 하신 말씀들을 통해서도 알 수 있는 것은 우리가 선해지는 것으로는 하나님의 아들이 될 수 없다는 사실이다. 우리는 우리의 노력을 통해 아들의 자격을 얻어낼 수 없다. 그러나 우리는 하나님과 우리의 새로운 관계에 더욱더 걸맞게 행동함으로써, 또한 우리가 그의 자녀임을 보여줌으로써 아들 됨 안으로 자라갈 수 있다.

나는 내 육신의 아버지와 닮았다. 나와 아버지는 얼굴이 매우 닮았고, 둘 다 대머리이다.

웃지 마시라!

대머리는 아름다운 것이다. 아버지와 나는, 하나님이 완벽한 두상의 소유자들을 소수만 만드셨고 나머지 사람들에게는 머리카락을 주셔서 머리를 가리게 하셨다며 농담하길 좋아한다. 어쨌든 나는 내가 아버지와 닮아서 기쁘다. 왜냐하면 그것이 우리가 서로에게 특별하게 연관되어 있다는 것을 보여주기 때문이다.

마찬가지로 예수님께서 우리에게 원수를 사랑하라 말씀하시고 우리가 순종하면, 우리가 하늘 아버지와 닮았다는 것을 세상에 보여주는 것이 된다. 하나님은 자신의 친구뿐 아니라 자신의 원수들에게도 해를 보내시고 비를 내려 주신다. 그분은 모두에게 친절하시고 은혜로우시다. 예수님 시대의 악한 세리들, 그리고 우리 시대의 범죄 조직 보스들과 마약 거래범들 조차 자기들을 사랑하는 이들을 사랑하고 자기들에게 인사하는 이에게 인사한다. 특별한 것도 아니고 하나님과 닮은 것도 아니다. 그러나 원수를 사랑하는 것은 전적으로 다른 그 무엇이다.

각기 다른 상황에서

원수 사랑하기는 여러 상황에 따라 다를 수 있다.

험담과 싸우기에 대해 이미 이야기했듯이, 모든 상황에서 통하는 하나의 공식이나 3단계 플랜 같은 것은 없다. 당신의 반응은 수많은 요인들에 의존한다.

예를 들어 다른 사람이 당신에 대하여 어떤 종류의 험담을 했는가?

물론 모든 험담은 악하다.

그러나 당신이 모르는 사람들 사이에서 행해지는 한가한 수다와 가장 가까운 친구에 의한 악의적인 배신 사이에는 큰 차이가 있다. 각 경우를 다르게 다루어야 한다.

몇 주 전 내 친구인 "브루크"(Brooke)가 내게 알려주길 "줄리아"(Julia)가 브루크 자신 및 다른 사람들에게 나에 대한 험담을 해오고 있다는 것이었다. 줄리아와 내가 동시에 알고 있는 어떤 사람에게 내가 해 주었던 조언 때문에 줄리아가 분개한 것이 분명했다. 브루크는 험담의 대상이 된 사람에게 가라는 6장에서의 조언을 따라, 내게 사랑으로 줄리아의 행동들에 대해 이야기를 해 준 것이었다.

진실로 나는 개인적으로 줄리아를 모른다. 그녀는 우리 교회 공동체의 일원이긴 하지만 회원들을 일렬로 세워놓은 줄에서 내가 줄리아를 찾아낼 수 있는지는 잘 모르겠다. 나는 브루크가 해 준 이야기에 대해 고맙다고 했지만, 그 일은 내가 줄리아를 대하는 방식에 거의 아무런 영향을 미치지 않았다. 줄리아의 존재에 대해 이전보다는 조금 더 자각하고 그녀를 조금 더 경계해야 하겠지만 크게 신경 쓸 일이 아니다.

성경은 우리에게 원수들을 경계하라 말한다.

그러나 우리는 여전히 그들을 사랑해야 한다.

우리가 맞닥뜨리는 각 상황에 대해 신중함과 기도, 때로는 다른 그리스도인들로부터 지혜로운 조언이 필요할 것이다. 샘 목사는 자신의 이전 교회를 한 방식으로 사랑할 필요가 있었고, 나는 줄리아를 또 다른 방식으로 사랑해야 했다. 그러나 '절대' 증오를 선택해서는 안 된다.

그러므로 실제적인 관점에서 우리가 선택할 수 있는 것들은 무엇일까? 우리가 험담의 목표물이 되었을 때 취할 수 있는 사랑을 실천하는 성경적인 반응 네 가지를 살펴보자.

2. 기도하라

다시 한 번 말하지만, 예수께서는 말씀하셨다.

> 너희 원수를 사랑하며 너희를 박해하는 자를 위하여 기도하라
> (마 5:44).

말하기는 쉬워도 실천하기는 어렵다.

누군가 우리에게 상처를 주었을 때, 그를 도와 달라고 하나님께 구하기는 어렵다.

우리의 뒷전에서 우리에 대해 이러쿵저러쿵 이야기했던 사람이 정신을 차리고 우리에게 와서 용서를 구하는 것은 괜찮겠지만, 우리가 그 험담에 대해 다른 경로를 통해서 알게 된다면 그를 위해 사랑의 기도를 해주는 것이 마음에 들지 않을지도 모른다.

원수를 위해 기도하기가 어렵다면 예수님을 생각하라.

유다를 위한 그의 기도, 자신을 고문하고 십자가에서 죽인 자들을 위한 예수님의 기도를 생각해보라.

우리가 그와 화목케 되기 전에 우리를 위해 예수께서 하신 기도들을 묵상해보라.

우리가 아직 그의 원수였을 때 예수께서는 이렇게 기도하셨다.

> 아버지여 그들[아직 나의 자녀들이 아닌]도 나 있는 곳에 나와 함께 있어 아버지께서 내게 주신 나의 영광을 그들로 보게 하시기를 원하옵나이다(요 17:24).

놀랍지 않은가!

예수께서는 원수를 사랑하는 것에 대한 완벽한 모범을 우리에게 보여주고 계신다.

그런데 정확히 무엇을 위해 기도해야 할까?

이전 장에서 보았듯이, 정의를 위해 기도하라.

심지어 험담하는 원수의 악한 계획이 역효과를 내도록 기도하라.

그러나 우리의 원수가 죄를 깨닫고, 회개하여 결국 복을 받도록 기도하라.

우리의 원수들을 대면하기 전에 먼저 그들을 위해 기도하면 그들이 겸손해지고 자신의 행동을 부끄럽게 여기게 되어 기꺼이 화해하고자 할 수도 있다. 하나님께서 이미 그 사람의 마음에 역사하고 계셨음을 발견하게 될 것이다.

당신 자신을 위해서도 기도하라. 당신에게 그렇게 깊은 상처를 입힌 사람을 어떻게 대해야 하는지에 대해 지혜를 주시도록 기도하라. 하나님께 지혜로운 사랑을 달라고 구할 때 빌립보서 1장에 나온 바울의 기도를 모범으로 삼아 따라해 보라.

> 내가 기도하노라 너희 사랑을 지식과 모든 총명으로 점점 더 풍성하게 하사 너희로 지극히 선한 것을 분별하며 또 진실하여 허물없이 그리스도의 날까지 이르고 예수 그리스도로 말미암아 의의 열매가 가득하여 하나님의 영광과 찬송이 되기를 원하노라(빌 1:9-11).

3. 눈감아주라

성경은 "노하기를 더디 하는 것이 사람의 슬기요 허물을 용서하는 것이 자기의 영광이니라"(잠 19:11)고 말한다. 거의 대부분의 경우, 우리가 험담의 대상이 되었을 때 해야 할 일은, 그저 허물을 용서해 주는 것이다.

허물을 용서해 줄지 말지는 다음과 같은 요인에 따라 다르다.

① 그것이 어떤 종류의 험담인지,
② 그 내용이 참인지 거짓인지,
③ 누군가에게 비밀로 해달라고 부탁한 것인데 그 사람이 그 이야기를 새어나가게 한 것인지,
④ 그렇게 새어나간 정보가 얼마나 심각한 것인지 등 여러 가지 요인에 달려있다.

대부분의 험담들은 그저 사람들이 우리에 대한 나쁜 의견들을 서로 이야기하는 것이다. 그러한 험담의 많은 경우에 있어 우리는 그저 그들이 한 말을 눈감아주고 그러한 험담이 마치 일어나지 않았던 것처럼 행동할 수 있다. 내 친구 한 명은 "사람들이 내 험담을 하면 난 기쁘더라고. 적어도 다른 사람에 대해서는 안 하는 거잖아."라고 말한다.

눈감아주기는 일종의 일방적 용서라고 할 수 있다. 그 사람을 늘 그랬던 것처럼 똑같이 대해 준다는 의미이다. 나는 줄리아에게 그렇게 했다.

눈감아준다고 해서 당신의 고통이 줄어드는 것은 아니다. 험담은 여전히 상처가 된다. 그러나 눈감아주는 것은 상처를 흡수하고 사랑 안에서 앞으로 나아가는 방법이다. 나는 하나님께서 은혜를 확장하는 영광스러운 방편으로써 우리에게 이러한 방법을 주신 것이 멋지다고 생각한다. 눈감아주는 것을 통해 우리는 우리가 맺고 있는 관계들 속에서 엄청난 시간을 절약하고 문제를 제지할 수 있으며 우리는 하나님의 인자한 형상으로 자라갈 수 있다.

4. 대면하라

허물을 언제나 눈감아줄 수 있는 것은 아니다. 특별히 그리스도 안에 있는 형제나 자매들 간의 문제라면 우리는 사랑으로 대면해야 할 수 있다. 예수께서는 말씀하셨다.

> 네 형제가 죄를 범하거든 가서 너와 그 사람과만 상대하여 권고하라 만일 들으면 네가 네 형제를 얻은 것이요(마 18:15).

첫 단계는 "너와 그 사람과만 상대하여"라는 것을 주목하라.

이것은 그 사람이 우리에 대해 범한 죄를 그 사람의 뒷전에서 다른 사람에게 험담해서는 안 된다는 것을 상기시켜 준다!

이후 단계로, 필요하다면 매우 지혜롭고 신중하게 다른 사람들을 포함시킬 수 있다(마 18:15-20을 보라).

사랑은 그저 뭔가를 숨기려 하지 않는다. 사랑은 원수로 행동하는 사람에게 가서 그 사람의 잘못을 보여 주고 관계가 회복될 수 있도록 한다.

이 책의 들어가는 글에서 내 목회 사역 중 경험했던 고통스러운 때에 대해 언급한 바 있지만, 당시 나에 대한 악한 험담이 최고조에 달했고 나는 목회를 그만두는 걸 심각하게 고민했다.

어떤 부부가 있었는데 이들이 나에 대해 안 좋은 말을 퍼뜨리고 다녔다. 그 사실에 대해 알게 되었을 때, 나는 그들에게 개인적으로 다가가 사랑으로 대면했다. 즉시 그 자리에서 그들은 자신들이 죄를 범했음을 인정했고 나의 용서를 구했다! 우리의 형제애는 회복되었고 더욱 견고해졌다. 우리는 지금 과거 어느 때보다도 더 좋은 친구이다.

사람들이 뉘우칠 때가 종종 있는데, 그러면 우리는 전적인 용서, 또한 그들과의 전적인 화해를 경험할 수 있다. 그러나 사람들이 뉘우치려하지 않을 때도 있다. 그럴 때 우리는 인내심을 가져야 하고 그들에 대해 참아야 한다. 그러한 때에는 우리가 가진 어떠한 쓴 뿌리라도 없애버려야 하고 그들을 용서하고 화해를 향해 계속 나아갈 준비를 해야 한다. 슬프게도, 여전히, 샘 목사는 그에 대해 험담을 했던 사람들 중 많은 이들과 교제를 회복할 수 있게 되기를 갈망하고 있다.

대면하기 전에 물어야 할 질문들

당신에 대해 험담을 해온 사람과 대면하기 전에 해야 할 몇 가지 질문들을 마음에 새겨두라.

'그것이 사실인가?'

당신이 대면하고자 하는 그 사람이 당신에 대한 어떤 정보를 누설하면 안 되는 것은 맞다.

하지만 그 나쁜 이야기가 사실인가?

일말의 진실이 담겨 있진 않은가?

왜 그 사람이 그 말을 했는지 알겠는가?

그리스도인들은 어떤 문제의 한 면만 보아서는 안 된다. 우리는 겸손해야 하고, 어떠한 분쟁에 있어 우리가 어떤 역할을 했는지 고려해야 한다.

당신에 대한 안 좋은 이야기가 사실이 아니고, 수치스러운 거짓일 뿐이라면 그 일이 사실이 되지 않도록 해야 한다. 당신이 살아가는 방식이 당신을 비판하는 이들에게 비판의 빌미를 주지 않게끔 하라. 베드로는 그리스도를 따르는 자들에게 말했다.

> 선한 양심을 가지라 이는 그리스도 안에 있는 너희의 선행을 욕하는[카탈랄레오(katalaleo)] 자들로 그 비방하는 일에 부끄러움을 당하게 하려 함이라(벧전 3:16).

당신에 대한 '그들의' 이야기대로 살지 말라.

험담을 삶으로 씻어 내라.

'이것으로부터 무엇을 배울 것인가?'

우리에 대한 어떠한 비판도, 심지어 추하고 남의 뒷전에서나 하는 그러한 것들마저도 우리에게 유익을 줄 수 있다. 우리의 원수가 잘못된 일을 하고 있다고 해서 그들이 하는 말에 전혀 배울 점이 없는 것은 아니다. 전혀 배울 점이 없어 보이는 것들로부터도 하나님은 멋진 교훈을 배울 수 있게 해 주신다.

목사들이나 교회 지도자들은 종종 이 원칙을 놓치곤 한다. 우리는 누군가 우리에 대해 험담을 하고 있다는 사실에만 초점을 맞추고는 "저 사람들이 완전히 잘못된 짓을 하고 돌아다니는군"하고 말한다. 그러나 우리는 때로는, 매개가 형편없을 때에도, 그들의의 메시지를 들어야 한다. 그리스도 안에서 새로운 정체성을 가진 우리들은 잃을 것이 아무것도 없다.

물론, 일부 뒤에서 찌르는 험담은 너무도 악독하기 때문에 그런 것에서 배울 점이란 그런 험담을 하는 사람을 조심해야 한다는 것 정도이다.

누군가를 대면할 것을 계획할 때 고려해야 할 몇 가지 질문을 더 생각해 보자.

'내 자신을 방어해야 하는가?'

이전 장에서 보았듯, 윌리엄은 그 지역 사람들의 눈에 자신이 좋은 건물주라는 것을 입증하려는 것을 지혜롭게 포기했다. 샘 목사도 자신의 이전 교회에서 결국 같은 일을 한 것이다.

그러나 당신 자신과 당신의 명예를 지켜야만 하는 때도 있다. 사도행전과 신약 서신서를 보면, 베드로와 바울이 어떤 때는 자신들의 행동을 방어(변호)했고, 어떤 때는 그렇게 하지 않았음을 알 수 있다. '다른 이들에게' 어떤 유익을 줄 수 있을 것인가를 생각해 보고 그것에 따라 결정할 때가 많았다. 자신에게 '이 상황에서 내 자신을 방어하는 것이 사랑일까?'라고 물어보라. 그러면 당신이 주를 신뢰할 때에 주께서 당신의 걸음을 인도하실 것이다.

'내가 이것으로 인해 기뻐할 수 있는가?'

험담이 사실이 아니고, 그 험담이 우리가 주 예수를 따르기 때문에 생겨난 것이라면 하나님께서는 우리가 기뻐해야 한다고 말씀하신다!

내가 샘 목사에게 자신의 이야기를 나눠 주고 경건한 신의를 가지고 험담의 문제를 해결해나가는 방법을 보여 주어서 고맙다고 하자 그는 이렇게 말했다.

> 예수님은 우리가 부당한 비난을 받을 때, 물론 험담의 대상이 될 때도, 우리에게 복이 있다고 가르치셨지. 그래서 나는 하나님이 주시는 이 경험으로부터 많은 걸 배웠고 지금도 여전히 많이 배우고 있어. 그리스도를 위해서 배신이라는 것이 무엇인지 조금이나마 맛보게 해주신 삼위일체 하나님을 찬송하네. 이 일로 인해 내가 그리스도를 더 알고 그의 왕국의 일을 위해 더욱 단련될 수 있는 것 같아.[1]

---

[1] 필자가 받은 익명의 이메일 (2011년 8월 17일)

험담을 멈추라

샘 목사는 아래의 주님의 명령에 순종하는 것을 배울 수 있었다.

> 나로 말미암아 너희를 욕하고 박해하고 거짓으로 너희를 거슬러 모든 악한 말을 할 때에는 너희에게 복이 있나니 기뻐하고 즐거워하라 하늘에서 너희의 상이 큼이라 너희 전에 있던 선지자들도 이같이 박해하였느니라(마 5:11-12).

5. 악을 선으로 갚으라

본질적으로 원수를 사랑하는 것이란 악을 선으로 갚는 것이다.

나는 사도 베드로가 베드로전서 3장을 쓸 때 마태복음 5장의 예수님의 가르침에 대해 묵상하고 있었을 것이라 믿는다. 예수께서 재림하시기 전까지는 그리스도인들에게는 고난이 그리스도인들에게는 전형이 될 것이라 믿었던 베드로는 그의 독자들을 박해에 대해 준비시키고 있었다. 베드로는 다음과 같이 썼다.

> 악을 악으로, 욕을 욕으로 갚지 말고 도리어 복을 빌라 이를 위하여 너희가 부르심을 받았으니 이는 복을 이어받게 하려 하심이라 그러므로 생명을 사랑하고 좋은 날 보기를 원하는 자는 혀를 금하여 악한 말을 그치며 그 입술로 거짓을 말하지 말고 악에서 떠나 선을 행하고 화평을 구하며 그것을 따르라 주의 눈은 의인을 향하시고 그의 귀는 의인의 간구에 기울이시되 주의 얼굴은 악행하는 자들을 대하시느니라 하였느니라(벧전 3:9-12).

당신은 어떤지 잘 모르겠지만, 나는 주의 눈이 나를 향하시고 그의 귀가 나의 간구에 기울이시기를 바란다!

나는 주께서 나로부터 그의 얼굴을 돌리시지 않기를 소망한다. 우리가 우리의 혀를 의롭게 사용하고 다른 사람, 특히 우리의 원수의 유익을 구할 때, 하나님의 사랑의 관심은 그의 백성을 향한다.

사람들이 당신에 대해 험담을 했다면 당신의 기본적인 입장은 '그들 편이어야' 한다. 그러나 험담 이전과 똑같이 당신이 그들을 여전히 신뢰해야 한다는 의미는 아니다. 개인적인 손해를 보더라도, 그들을 위한 최선을 추구해야 한다는 뜻이다.

예수님도 우리를 이렇게 사랑하시지 않았는가?

우리가 아직 죄인 되었을 때에 그리스도께서 우리를 위하여 죽으셨다(롬 5:8을 보라).

때리는 사람을 축복해주는 것은 이 세상 사람들에게는 정신 나간 짓으로 보이겠지만, 그리스도인으로서 우리는 그렇게 살아간다. 바울의 개인적인 증언은 다음과 같다.

> 우리는 그리스도 때문에 어리석으나… 모욕을 당한즉 축복하고 박해를 받은즉 참고 비방을 받은즉 권면하니(고전 4:10, 12-13).

바꾸어 말하면, 그리스도께서 사신 것처럼 살면 우리는 가족 유사성을 보여 주는 것이 된다. 그리스도께서는 우리가 그렇게 하면 우리에게 상이 있을 것이라 말씀하신다.

큰 상

예수께서는 물으셨다.

> 너희가 너희를 사랑하는 자를 사랑하면 무슨 상이 있으리요
> (마 5:46).

무슨 상이 있을까?

아무런 상도 없을 것이다.

그러나 반대의 경우는 진리이다. 당신의 원수를 '사랑하면' 풍성한 상을 받을 것이다. 당신에 대해 험담을 하는 사람을 사랑하면 하나님이 모두 갚아 주실 것이다. 이것이 바로 우리가 받을 것이라고 베드로가 말했던 복이다(벧전 3:9을 보라).

병행 본문에서, 예수께서는 약속하셨다.

> 오직 너희는 원수를 사랑하고 선대하며 아무 것도 바라지 말고 꾸어 주라 그리하면 '너희 상이 클 것이요' 또 지극히 높으신 이의 아들이 되리니(눅 6:35).

얼마나 멋진 약속인가!

물론 그렇다고 해서 모든 것이 한꺼번에 쉬워지는 것은 아니다. 험담의 대상이 되면 고난을 겪게 된다. 고통스러운 일이다. 예수님도 그걸 알고 계신다. 그는 누구보다도 심한 꼴을 당하셨다. 예수님은 험담을 당할 어떠한 이유도 없었지만 사람들은 그를 사생아라 불렀고 귀신의 아들이요 사탄

의 동역자라 불렀다. 예수님은 그게 얼마나 힘든 일인지 아셨지만 그는 원수를 사랑하셨다. 우리들 역시 원수를 사랑하라 부르고 계신다.

6. 미리 보기

제 4부에는 장이 하나 뿐이지만 그것이 주는 메시지는 우리 모두를 위한 것이다.
우리는 험담의 유혹 앞에 굴복했을 때 어떻게 해야 하는가?
우리에게 희망이 있는가?

7. 그룹 토의를 위한 질문들

1) 당신의 명예에 대해 하나님을 신뢰하는 것이 더 어려운가, 아니면 당신에 대해 험담을 한 사람을 사랑하는 것이 더 어려운가?
왜 그렇게 생각하는가?

_____

_____

_____

2) 마태복음 5:43-48을 읽고, 발견한 바를 나누라.
예수님의 가르침이 다른 사람들이나 우리 본능이 말하는 것들과 어떻게 다른가?

원수를 사랑하는 것이 의미하는 것, 그리고 의미하지 않는 것이 무엇인가?

_____
_____
_____

3) 원수를 위한 기도를 시도해본 적이 있는가?

어땠는가?

다음 번에는 좀 다른 방식으로 해보고 싶은가?

_____
_____
_____

4) 잠언 19:11 및 마태복음 18:15-20을 읽으라.

언제 험담을 눈감아줘야 하고, 언제 대면해야 하는가?

용서와 대면 중에서 선택할 때 당신이 사용하는 원칙은 무엇인가?

대면하기 전에 기억해야 할 질문들은 무엇인가?

_____
_____
_____

5) 누가복음 6:35과 베드로전서 3:9-16을 읽으라. 큰 상에 대한 약속이 악을 선으로 갚고자 하는 당신의 선택에 어떻게 영향을 미치는가? 이번 주에 특정한 방법으로 사랑해주라고 하나님이 당신을 부르시는 원수가 있는가?

제4부 험담 뉘우치기

제9장 험담 뉘우치기
▶ 험담의 유혹을 뿌리치기는 너무 어렵다

나가는 말: 험담의 끝
▶ 나쁜 이야기는 더 이상 없을 것이다

제9장

험담 뉘우치기

- 험담의 유혹을 뿌리치기는 너무 어렵다 -

> 만일 우리가 우리 죄를 자백하면
> 그는 미쁘시고 의로우사 우리 죄를 사하시며
> 우리를 모든 불의에서 깨끗하게 하실 것이요
> (요일 1:9).

아무리 원한다 해도, 우리가 한 말들을 주워 담을 수는 없다.

악한 마음으로 다른 이의 등 뒤에서 나쁜 이야기를 퍼뜨린 데 대해 죄책감이 든다 해도, 우리가 이미 한 말들을 회수할 수는 없는 노릇이다. 당신이 한 험담은 이미 밖으로 나와버린 것이다. 작가 로리 팔라트닉(Lori Palatnik)은 말한다.

> 험담은 발사된 총알과 같다. 한 번 격발되면 되가져 올 수 없다.[1]

---

1 Lori Palatnik & Bob Burg, *Gossip: Ten Pathways to Eliminate It from Your Life and Transform Your Soul* (Deerfield Beach, FL: Simcha, 2002), 3.

나는 험담의 유혹 앞에 굴복한 사람들의 면면에 나타나는 엄청난 수치를 본다. 그들이 죄를 범하던 그 순간에 별식의 유혹은 너무도 이기기 어렵고 강력해 보였다. 이제 그들은 그들이 한 말을 주워 담을 수 없다.

이미 누군가는 다친 것이다.

1. 진지한 뉘우침

제2장에서 읽었던, 교사 휴게실에서 험담으로 인해 **빠져나오기** 힘든 늪 안으로 빨려 들어갔던 교사 리넷을 기억하는가?

그녀가 내게 했던 말 중에서 유달리 선명하게 기억나는 것이 있다.

> 이걸 타이핑하면서, 당시 제가 제 자신을 얼마나 혐오했는지, 그리고 당시 제가 했던 행동과 말들로 인해 여전히 저를 얼마나 혐오하고 있는지 생각하게 됩니다.[2]

아주 강력한 표현이다.

그녀의 고백에서 나는 수치, 불명예, 정죄, 심지어 자기혐오를 듣게 된다.

왜 우리는 험담의 유혹 앞에 굴복하면 마음이 안 좋을까?

---

2   필자가 받은 익명의 이메일 (2010년 4월 21일)

👉 험담은 죄이다

우리가 험담을 '미워하시는' 거룩하신 하나님의 마음을 상하게 했다는 것을 우리의 양심이 경고한다. 바울은 로마서 1장에서 말한다.

> 하나님의 진노[불타는 분노]가 불의로 진리를 막는 사람들의 모든 경건하지 않음과 불의에 대하여 하늘로부터 나타나나니(롬 1:18).

그는 계속해서 말하며 험담을 불의함의 목록에 포함시킨다.

> [죄인들은] 시기, 살인, 분쟁, 사기, 악독이 가득한 자요 '수군수군하는 자요' 비방하는 자요 하나님께서 미워하시는 자요 능욕하는 자요 교만한 자요 자랑하는 자요 악을 도모하는 자요 부모를 거역하는 자요 우매한 자요 배약하는 자요 무정한 자요 무자비한 자라(롬 1:29-31).

그는 마지막으로 "이 같은 일을 행하는 자는 사형에 해당한다"(롬 1:32)고 말한다.

우리가 험담의 유혹에 굴복하고도 일말의 양심이 남아있다면 우리는 즉각적으로 후회할 것이다!

👉 험담은 상처를 준다

험담은 다른 사람들에게 상처를 준다는 것을 우리 모두 마음속으로는

다 알고 있다.

옛 격언이 얘기하듯 험담은 적어도 세 사람을 다치게 한다. 험담의 대상이 되는 사람, 그 험담을 듣는 사람, 그리고 그 험담을 하는 사람. 정말 맞는 말이지만, 험담이 일어날 때 누구보다도 큰 고통을 당하는 자리는 바로 험담의 대상이 되는 것이다. 퍼뜨려진 이야기가 헛소문에 불과할 때는 더욱 큰 상처가 된다.

잠언 12:18은 "칼로 찌름 같이 함부로 말하는 자가 있거니와 지혜로운 자의 혀는 양약과 같으니라"고 말씀한다. 내가 부주의하게 다른 이들에 대해 험담하던 때를 뒤돌아볼 때 내가 가장 뉘우치는 것 중의 하나는 내 말로 인해 그 사람들이 많은 상처를 받았다는 사실이다.

험담은 되돌릴 수 없다

하나님의 마음을 상하게 하고 다른 이들에게 상처를 주는 것에 더하여, 험담은 우리가 무를 수 있는 것이 아니다. 치약을 다 쓰고 나면, 치약 튜브 안을 다시 채워 넣지 못하는 것과 같다.

랍비인 조셉 텔루쉬킨(Joseph Telushkin)의 이야기를 들어보자.

> 한 작은 동유럽 마을에서 어떤 사람이 랍비를 비방하며 돌아다녔다. 어느 날 갑작스레 뉘우치는 마음이 들자, 그는 랍비에게 용서를 구하고 배상을 위해 어떠한 고행도 할 용의가 있음을 밝혔다. 랍비는 그에게 그의 집에서 깃털로 된 베개를 찾아 그 베개를 뜯은 후 깃털을 바람에 날려 보낸 다음 다시 랍비에게로 오라고 말했다. 그 남자는 시킨 대로 한 후에 랍비에게로 돌아와 물

었다.

"이제 저는 용서받은 것입니까?"

"거의 다 되었네."

랍비가 대답했다.

"한 가지만 더 하면 되네. 가서 그 깃털들을 다 모아오게."

"하지만 그건 불가능합니다."

그 사람이 이의를 제기했다.

"바람에 이미 다 흩어져 날아가 버렸습니다."

"맞는 말이네."

랍비가 대답했다.

"자네가 행한 악을 바로잡고자 아무리 진실한 마음으로 바란다 해도 그 깃털들을 다시 모아오는 것이 불가능한 것처럼, 자네의 말로 인해 입은 상처를 회복시키는 것은 불가능하네."[3]

깃털들을 다시 모아올 수 없다면, 우리는 무엇을 '할 수 있고' 또 '해야만 할까?'

2. 악한 험담을 회개하라

사도 바울은 고린도로 제3차 전도 여행을 떠날 준비를 막 끝냈지만, 고린도에서 맞닥뜨릴 상황에 대해 걱정이 되었다. 고린도교회가 계속해서

---

[3] Rabbi Joseph Telushkin, *Words that Hurt, Words that Heal: How to Choose Words Wisely and Well* (New York: Quill, 1998)), 3.

내리막길을 걷고 있었기 때문이었다.

> 내가 갈 때에 너희를 내가 원하는 것과 같이 보지 못하고 또 내가 너희에게 너희가 원하지 않는 것과 같이 보일까 두려워하며 또 다툼과 시기와 분냄과 당 짓는 것과 비방과 '수군거림'과 거만함과 혼란이 있을까 두려워하고 또 내가 다시 갈 때에 내 하나님이 나를 너희 앞에서 낮추실까 두려워하고 또 내가 전에 죄를 지은 여러 사람의 그 행한 바 더러움과 음란함과 호색함을 회개하지 아니함 때문에 슬퍼할까 두려워하노라(고후 12:20-21).

험담은 고린도교회를 괴롭히는 핵심 문제 중 하나였고 바울은 고린도교인들이 그 문제에 대해 회개하지 않았을 수 있다는 것에 대해 걱정했다. 회개는 그저 죄에 대해 안 좋게 느끼는 것이 아니다. 회개는 죄로부터 돌아서는 것이고 주님께로 향하는 것이다. 회개는 우리 마음속에서 우리 삶의 지향점을 바꾸는 방향 전환이다. 회개는 악한 험담의 먹잇감이 된 경우 거기서 벗어나 앞으로 나아갈 수 있는 유일한 길이다.

👉 진심어린 고백

회개의 첫 단계는 죄를 고백하는 것이다.

고백한다는 것은 우리의 죄에 대해 하나님과 생각을 같이 한다는 것을 의미한다. 회개는 우리가 한 행동들을 거명하면서, 그것이 잘못된 것이었을 뿐 아니라 하나님께 대한 죄였다는 것을 인정하고 시인하며 하나님께 고하는 것이다. 성경은 약속한다.

> 만일 우리가 우리 죄를 자백하면 그는 미쁘시고 의로우사 우리 죄를 사하시며 우리를 모든 불의에서 깨끗하게 하실 것이요(요일 1:9).

이 얼마나 엄청난 약속인가!

진정한 고백은 "마귀가 제게 그 일을 하도록 만들었어요!" "그러고 싶지 않았지만 그 여자가 절 험담하도록 만들었어요." 또는 "주님, 험담한 것에 대해 기분이 안 좋습니다. 하지만 그런 상황에서는 주님도 험담을 했을 겁니다." 등과 같은 변명으로 빠져들어 가는 것이 아니다.

그런 것들은 고백이 아니다.

"주님, 제가 한 일은 잘못된 일입니다. 그런 말을 하지 말았어야 했어요. 그런 말을 듣지도 말았어야 했습니다. 주님의 법도에 어긋나는 일이었습니다. 누군가에게 상처를 줬습니다. 죽임을 당해도 당연한 행동입니다. 제가 험담을 함으로 주님을 영화롭게 하지 못했습니다. 잘못했습니다."라고 말하는 것이 고백이다.

> 진정한 고백에는 물론 우리의 감정이 들어간다. 우리가 악하게 행동한 것에 대해 우리는 슬퍼야 한다. 그러나 고백에는 우리가 험담한 것이 죄라는 것에 우리의 온 마음으로 동의하는 것이 들어가야 한다.

3. 악한 험담을 철회하라

예배 후에 사람들에게서 어떤 말들이 나올지 전혀 알 수 없다. 여느 목사들처럼 나도 교회 뒷문에 서서 사람들이 교회를 나갈 때 그들과 악수하며 인사를 나눈다. 어떤 사람들은 설교에 대해 이야기하고 어떤 이들은 날씨나 자기 가족에 관해 담소를 나눈다. 기도를 부탁하는 사람들도 있다.

몇 년 전에 한 젊은이가 예배 후에 뒷문에서 내게 인사하며 "목사님, 목사님께 용서를 구하고 싶어요. 목사님에 대해 험담을 해오고 있었어요."라고 말했다. 맙소사, 나도 모르게 몇 발짝 뒤로 물러났다! 처음에는 무슨 말을 해야 할지 알 수가 없었다. 그의 진정성에 대해 진심으로 감사했다. 마침내 나는 "당연히 형제님을 용서합니다."라고 말했다.

그 젊은이는 "제가 목사님께만 사과하는 것은 아니라는 것을 알아주시기 바래요."라며 말을 이어갔다. 그는 "제가 목사님에 대해 험담할 때 그 말을 들어줘야 했던 사람들에게 찾아가서 그 사람들의 마음이 목사님에게서 돌아서게끔 오염시켰던 것에 대해 용서를 구하고자 해요."라고 말했고, 정말 그렇게 했다. 그것은 용기가 필요한 일이며 회개의 진정한 표시였다.

신중함이 요구된다

험담을 철회할 때는 지혜와 신중함도 필요하다.

지혜와 신중함은 우리가 기도로 구해야 하는 것이고 성령께서 인도해 주시길 구해야 하는 것이다. 때로는, 사과한다며 이리저리 돌아다니기 전에 지혜롭고 경건한 조언을 구할 필요가 있다.

험담을 철회하는 것 자체는 전혀 상관없는 경우도 있다. 오늘날 피플(People) 잡지의 표지에 얼굴이 등장하는 유명인사에 대해 험담을 해오고 있었다면, 그 사람에게 사과의 편지를 보낼 필요는 없다고 생각한다.(하지만 험담은 멈추도록 하라!)

대부분의 경우에 있어서는 우리의 험담에 의해 영향을 받은 사람들 중 할 수 있는 한 최대한의 사람들에게 사과를 해야 하겠지만 어떤 경우에는 당신이 험담한 사람들에게 가서 사과를 하면 관계가 악화되는 때도 있다.

예를 들어 당신 친구가 선택한 어떤 것에 관한 부정적인 의견을 다른 사람에게 얘기했다면, 당신의 험담의 대상이 되었던 그 친구에게가 아니라 당신이 그것을 얘기한 그 사람에게만 사과하는 것이 최선일 것이다. 당신의 친구가 당신이 자기 자신에 대해 뭔가 나쁜 이야기를 했다고 생각하지 않는데 지금에 와서 그 친구에게 그 얘기를 한들 아무런 도움이 되지 않을 것이다.

많은 방면에서 관련된 모든 사람들에게 찾아가서 사과를 해야 하는지 아닌지는 우리가 한 험담이 얼마나 심각한가에 달려있다. 당신 자신에게 다음 질문들을 던져보라.

※ 내 험담의 내용이 얼마나 심각했나?
※ 내가 한 험담이 그 사람과 나의 관계, 또는 그의 명예에 얼마나 심각하게 영향을 미칠 것인가?
※ 그 나쁜 이야기가 얼마나 많이 퍼졌는가?

지혜롭고 경건한 조언을 들은 후에도 직접 고백을 해야 할지 말아야 할지 확신이 서지 않는다면, 차라리 예수님의 황금률 쪽으로 치우치라고 말해주고 싶다. 입장을 바꿔 생각해 보자.

당신이라면 그 사람이 당신에게 와서 그가 한 험담을 철회하기를 바라겠는가?

마음으로부터

가장 중요한 고백은 하나님께 하는 것이다. 만일 우리가 하품하면서 "아함, 그건 별로 어렵지 않아요! 정말 어려운 건 제가 험담을 해온 그 사람에게 직접 가는 거죠."라고 말한다면, 우리의 죄가 얼마나 파괴적으로 사악한 것인지 잘 모르고 있는 것이다.

다윗 왕이 마침내 밧세바와의 죄를 회개했을 때, 그는 여호와께 드리는 기도의 노래를 써서 "내가 주께만 범죄하여 주의 목전에 악을 행하였사오니"(시 51:4)라고 했다. 밧세바, 우리아, 그리고 온 이스라엘에 대해서는 죄를 짓지 않았다는 뜻이 아니었다.

모든 죄는 무엇보다 먼저 거룩하신 하나님께 대한 죄라는 의미였다. 하나님의 진노하심이 험담하는 자들에 대해 드러나고 있으므로 우리는 반드시 그분께 먼저 우리의 죄를 고백해야 한다.

진정한 회개는 우리가 험담할 때 사용한 그 말을 고백하는 것뿐 아니라 그 말들 배후에 있던 우리의 마음을 고백하는 것이다.

모든 말들은 마음에서 나오는 것임을 기억하라.

"주님, 그 여자에 대해 그런 말들을 했던 것 잘못했습니다. 힘을 향한 정욕에 조종당하고 있었습니다,"

"주님, 제 마음이 악의적인 투덜거림으로 가득합니다,"

또는 "주님, 사람들을 두려워했지 주님을 두려워하지 않았습니다. 저를 용서해 주세요."라고 말하라.

정말 놀라운 사실은 '주께서 용서해 주신다'는 것이다.

4. 예수님의 깨끗게 하심을 받으라

자기혐오, 정죄, 그리고 후회 속에 살아갈 필요는 없다. 용서받고 깨끗게 되고 순전한 사람들로 살아갈 수 있다. 성경은 말한다.

> 만일 우리가 우리 죄를 자백하면 그는 미쁘시고 의로우사 우리 죄를 사하시며 우리를 모든 불의에서 깨끗하게 하실 것이요(요일 1:9).

당신이 한 험담, 그리고 당신의 다른 어떤 죄라도 하나님께서 사실은 용서하지 않으실 거라는 남모르는 걱정에 휩싸여 있지는 않은가?

혹시 하나님이 당신의 죄를 다시 끄집어내어 당신 눈앞에 들이밀 것 같아 두려운가?

그렇게 하지 않으실 것이다.

그는 신실하게 용서하시는 분이다. 사실, 요한은 하나님은 그렇게 '하셔야만 한다'고 말한다. 우리가 우리 죄를 자백하면 우리를 용서하시겠다고 약속하셨고, 그는 언제나 그의 약속을 지키시기 때문이다.

하나님이 자신의 약속을 신실하게 지키신다는 사실보다 더한 것은, 용서하지 않는 것은 하나님께 '부당한' 일이 된다는 것이다. 물론, 벌을 주는 것이 하나님이 하시기에 의로운 일인 것처럼 보일 수 있다. 그리고 성경에 의하면 정말 그렇다.

로마서 1:32은 "이 같은 일[험담 등]을 행하는 자는 [하나님의 의로운 뜻에 의해] 사형에 해당한다"고 말한다. 우리의 죄에 대한 의로운 징계는 하나님의 거룩한 분노, 징계, 그리고 정죄이다. 그러나 요한은 하나님은 "미쁘시고 의로우사" 용서하신다고 말한다.

왜 우리의 죄를 용서하는 것이 '의로운 것'일까?

십자가 때문이다. 십자가 때문에 하나님이 우리를 용서하시는 것이 의로운 것이 된다. 우리의 죗값이 이미 치러졌기 때문에, 하나님이 용서를 거부하시는 것은 '부당한' 것이 된다. 요한은 계속해서 이렇게 말한다.

> 나의 자녀들아 내가 이것을 너희에게 씀은 너희로 죄를 범하지 않게 하려 함이라 만일 누가 죄를 범하여도 아버지 앞에서 우리에게 대언자가 있으니 곧 의로우신 예수 그리스도시라 그는 우리 죄를 위한 화목 제물이니 우리만 위할 뿐 아니요 온 세상의 죄를 위하심이라(요일 2:1-2).

예수 그리스도께서는 우리의 죄를 위하여 죽으셨다. 험담 때문에 우리가 받아야 하는 징계를 그가 받으셨다. 그는 우리 대신 하나님의 진노를 감당하시며 우리 죄를 위한 화목제, 또는 속죄가 되셨다. 예수님은 이제 우리의 대변자가 되셨다.

고행이 필요 없는 것은 이것 때문이다. 널리 행해졌던 고행이라는 것은 죄를 사하는데 일조하기 위해 형벌과 징계를 떠맡는 것이다. 그러나 우리의 죗값은 이미 치러졌다. 십자가 위에서, 예수께서는 "다 이루었다"(요 19:30)라고 선언하셨다. 다 이루어진 것이다. 오직 예수께서 우리를 위해 십자가에서 하신 일 때문에 하나님은 "그는 미쁘시고 의로우사 우리 죄를 사하시며 우리를 모든 불의에서 깨끗하게 하실 것"이다. 우리의 신실함 때문이 아니다. 우리의 의로움 때문이 아닌, 그분의 의로움 때문이다.

👉 그런 식이 아니다

험담을 주제로 연구하면서 험담에 대해 경계하는 유대인들의 도덕적 가르침들을 꽤 읽어보았다. 지난 몇 해 동안, 유대인들의 가르침 중 상당 부분을 통해 도움을 받았고, 이 주제에 대한 그들의 사상으로부터 우리가 배울 것이 있다고 생각한다. 그러나 그들 대부분은 예수를 메시아로 믿지 않으므로 은혜에 대한 이들의 이해는 불완전하며 십자가에 대한 이해는 전무하다. 그래서 이를 대체하기 위해 뭔가 다른 것을 고안해야 한다.

예를 들어,『삶에서 험담을 제거하고 영혼을 변화시킬 수 있는 열 가지 방법』(Gossip: Ten Pathways to Eliminate It from Your Life and Transform Your Soul)이라는 책에서 유대인 저자인 로리 팔라트닉(Lori Palatnik)과 공동 저자인 밥 버그(Bob Burg)는 우리가 험담을 멈추고, 우리가 한 행동을 회개하고 하나님께 우리의 죄를 고한 후에도 여전히 해야 할 일이 하나 더 있다고 말한다.

> 이처럼 [회개의] 단계들을 모두 실행하고 나면 하나님은 당신이 돌아온 것을 받아 주신다. 그러나 당신의 죄는, 말하자면, 여전히 장부에 남아 있게 된다. 그렇다. 죄가 해결되긴 했지만, 여전히 장부에 남아 있는 것이다.[4]

무슨 말인지 알겠는가?
그들은 계속해서 이렇게 말한다.

---

[4] Lori Palatnik & Bob Burg, *Gossip: Ten Pathways to Eliminate It from Your Life and Transform Your Soul* (Deerfield Beach, FL: Simcha, 2002), 116.

어떻게 당신의 죄를 완전히 지울 수 있을까?

테슈와 가무라(teshuvah gamurah) 또는 "완전한 회심"이라 불리는 다음 단계를 행함을 통해서이다.... 당신이 회개의 단계들을 모두 통과하고, 일정한 시간이 경과하고 나면, 하나님께서 종종 그 멋진 유머 감각으로 당신이 처음 실수했던 것과 똑같은 자리에 당신을 두시는데, 그때 당신이 동일한 실수를 반복하지 않으면 테슈와 가무라가 이루어지는 것이다. 이것이 이루어지면 당신이 용서받을 뿐 아니라 당신이 전혀 실수를 하지 않았던 것처럼 여겨지게 된다. 당신의 삶의 이야기에서 그런 일이 마치 없었던 것처럼, 그 죄가 완전히 지워진다.[5]

틀렸다. 그런 식이 아니다!

우리가 결국 제대로 해내고 실수를 하지 않게 되어서 용서받고 깨끗하게 되는 것이 아니다. 그리스도인들은 오직 예수 그리스도의 죽음과 부활 때문에 용서받고 깨끗하게 됨을 받는다.

> 곧 예수 그리스도를 믿음으로 말미암아 모든 믿는 자에게 미치는 하나님의 의니 차별이 없느니라 모든 사람이 죄를 범하였으매 하나님의 영광에 이르지 못하더니 그리스도 예수 안에 있는 속량으로 말미암아 하나님의 은혜로 값없이 의롭다 하심을 얻은 자 되었느니라 이 예수를 하나님이 그의 피로써 믿음으로 말미암는 화목제물로 세우셨으니(롬 3:22-25).

로마서 1장은 우리가 유죄인 것으로 드러났다고 말하지만, 로마서 3장

5　Ibid., 116.

에서는 우리의 것으로 간주해 주시는 그리스도의 의로 인해 우리에 대해 무죄를 선언한다.

 깃털을 다시 주워 모으기 위해 돌아다니는 것도 아니다

동네를 돌아다니며 우리가 흩어놓았던 깃털들을 하나하나 찾아서 모았기 때문에 용서받고 깨끗하게 되는 것도 아니다! 랍비 텔루쉬킨의 깃털 베개 이야기는 우리가 말을 한 번 뱉고 나면 우리가 더 이상 통제할 수 없다는 사실을 상기시켜 준다. 그러나 우리가 용서받는 것은 그 모든 깃털을 다 찾아 베갯잇 속으로 집어넣는 것에 근거하는 것이 아니다. 우리를 용서하심은 우리 죄를 위한 속죄제인 그리스도의 보혈에 근거한다.

이러한 깨끗하게 하심을 받으라.

처음이건 백만 번째이건 받으라.

당신의 예수 그리스도를 구주로 믿은 적이 한 번도 없었다면 지금이라도 그렇게 하도록 당신을 초청하고 싶다.

그렇다.

험담은 죽임을 당해도 당연한 행동이다. 그러나 당신이 영원한 사망에 이르지 않도록 예수께서 죽으셨다.

지금 회개하고 예수 그리스도를 당신의 구주와 주로 믿으라.

그렇게 하면 하나님께서 당신을 용서하시고 당신을 모든 불의에서 깨끗하게 하실 것이다. 하나님의 약속이다! 당신은 깨끗하게 될 수 있다.

당신이 이미 그리스도를 따르는 자임에도 이번 주에 험담의 유혹이나 죽임을 당해도 당연한 다른 죄에 굴복하여 잘못을 범했다면, 자기혐오 속에서 뒹굴지 말라.

주님께 다시 돌아가 지금 깨끗하게 함을 받으라.

그의 보혈에는 엄청난 힘이 있다!

회개는 후회보다 훨씬 더 강력하다. 복음은 험담보다 훨씬 더 강력하다. 우리는 이미 복음이 어떻게 우리를 무장시켜서 험담에 저항하게 하는지 보았다. 그러나 복음에는 우리에게 용서를 주시는 능력도 있다.

그리스도인들이 이 말을 들으라.

> 하나님은 그 모든 깃털이 어디에 있는지 아시고 그것들을 원래 있던 자리로 모두 모아올 수 있는 주권적인 힘이 있으시다.

성경은 하나님께서 모든 것이 합력하여 그의 영광과 그의 백성들의 선을 이루게 할 것이라 말씀한다(롬 8:28). 복음은 그렇게 좋은 소식이다. 예수님의 깨끗하게 하심을 받고 그 안에서 걸으라.

5. 그룹 토의를 위한 질문들

1) 험담의 유혹에 저항하기 어려웠고, 그 후에 당신의 행동을 뉘우쳤던 때가 있었다면 그것에 대해 그룹 안에서 이야기 하라.

   무슨 일이 있었는가?

   느낌이 어땠는가?

   지금은 그것에 대해 어떻게 느끼는가?

2) 요한복음 1:5-2:2을 읽고 관찰한 바를 나누라.

우리의 죄를 진정으로 자백한다는 것이 무슨 뜻인가?

자백하는 데 방해가 되는 것은 무엇인가?

당신은 험담을 정당화하기 위해 어떤 핑계를 댔는가?

3) 피해를 입은 사람에게 찾아가서 당신이 한 험담에 대해 용서를 구해본 적이 있는가?

왜 그렇게 했는가, 또는 왜 그렇게 하지 않았는가?

결과는 어땠는가?

4) 세상은 "다음번에 제대로 하면 용서받을 거야"라는 잘못된 복음을 가르친다.

그렇게 잘못된 복음이 왜 우리 마음을 그렇게 끌어당기는가?

그런 복음을 믿으면 우리는 어떤 영향을 받게 되는가?

_____
_____
_____

5) 사탄은 당신이 패배감 속에서 살아가길 원하고, "그 깃털들을 다 모을 수 없듯이, 네가 완전히 용서받을 수는 없는 거야."라고 말한다. 그러나 그리스도인들은 그런 말에 귀를 기울여서는 안 된다.
복음은 험담보다 얼마나 더 위대한가?
어떻게 하면 품위를 지니고 새롭게 된 승리 속에서 걸을 수 있겠는가?

_____
_____
_____

6) 시편 15편을 읽으라. 시편 15편은 흔들림 없는 삶을 사는 경건한 사람의 모습을 그리고 있다.
그런 사람의 특징은 무엇인가?
이번 장을 통해 배운 모든 것들을 종합해볼 때, 시편 15편과 같은 남자나 여자가 되기 위해 명심해야 할 핵심적인 진리들은 무엇인가?

_____
_____
_____

나가는 말: 험담의 끝
- 나쁜 이야기는 더 이상 없을 것이다 -

> 다시 저주가 없으며(계 22:3).

험담의 힘은 압도적인 것처럼 보인다.

내가 험담에 대해 연구하고, 그것에 대해 이야기하고, 그것에 대해 쓸수록, 험담이 불가피하고 멈출 수 없는 것처럼 느껴졌다.

이 책의 들어가는 글에서도 이야기했듯, "도처에 험담이 넘쳐난다."

'작은 책 한 권이 무슨 일을 할 수 있을까?'

험담에 저항한다는 것은 마치 해변에 서서 밀려 들어오는 조수를 말로 멈추게 하려는 것과 같다. 절대 불가능한 일이다.

그렇지만 그리스도인들이 하는 일이란 그런 것이 아닐까?

흐름을 거스르는 삶 말이다. 우리의 삶은 이 세상에 속한 이들의 삶과는 다른 방향으로 흐른다(롬 12:2을 보라). 우리는, 바다도 없고, 혼돈스럽고 압도적인 악이 없을 때에라도, 언젠가는 여호와의 영광이 물이 바다를 덮음 같이 온 땅을 덮는 날이 올 것이라는 믿음으로 조류를 거슬러 헤엄

친다(합 2:14과 계 21:1을 보라).

그날에는 압도당함도 없을 것이다. 그날에는 저항해야 할 험담도 없을 것이다.

'그날에는 어떠한 나쁜 이야기도 없을 것이다!'

아멘. 주 예수여 오시옵소서.

교회 지도자들을 위한 조언
- 험담을 멈추는 교회 세우기 -

> 보라 형제가 연합하여 동거함이 어찌 그리 선하고 아름다운고 머리에 있는 보배로운 기름이 수염 곧 아론의 수염에 흘러서 그의 옷깃까지 내림 같고 헐몬의 이슬이 시온의 산들에 내림 같도다 거기서 여호와께서 복을 명령하셨나니 곧 영생이로다(시 133).

'형제들 사이의 연합'에 대해 생각하면 어떤 이미지가 떠오르는가? 다윗 왕에게는 기름진 수염과 이슬에 젖은 산이 떠올랐다. 그것들은 우리에게는 형제애와 관련한 전형적 이미지들은 아니다! 그러나 큰 유대 명절을 지내기 위해 예루살렘에 들어가며 시편 133편을 노래하던 다윗과 이스라엘 사람들에게는 그것들이 가장 좋은 이미지들이었다.

하나님은 형제들의 연합을 원하신다. 이스라엘 사람들에게 형제란 문자적 형제, 즉 친척이나 씨족을 의미했다. 우리에게는 교회가 그리스도 안에서 '공동'체와 하나로 엮인 형제와 자매로 구성된 가족이다. 적어도 우리는 그렇게 되어야 한다. 우리가 연합하면 하나님은 그것이 "선하고 아름답다"

고 하신다.

1. 선한 것은 거룩하다

나는 시편 133편이 이상하다고 생각했다.
이 색다른 이미지들의 의미가 무엇일까?
기름이 흐르는 아론의 수염이 도대체 무엇인가?
그러나 이 시편을 조금 더 연구해본 후, 나는 아론의 기름진 수염이야말로 연합의 완전한 거룩함을 보여주는 완벽한 이미지라는 것을 알게 되었다.

보배로운 기름은 성경에서 자주 성령의 거룩케 하시는 역사에 대한 상징으로 묘사된다. 누군가에게 기름을 부으면 그가 성결케 되었고 그가 특별한 목적을 위해 따로 세워졌다는 것을 상징했다. 이 경우에 아론은 이스라엘을 위한 대제사장직을 위해 모세에 의해 기름부음을 받았다(전체 이야기를 보려면 출 29, 레 8을 읽으라).

시편 133편은 이것이 전적인 성별(聖別)이었다는 것을 보여준다. 우리는 아론의 머리를 따라 흘러내려 그의 수염을 타고 그의 옷깃까지 내려가는 이 윤기 있고 향기로운 향수 같은 것의 이미지를 본다. 아론은 기름진 찐득찐득한 것에 완전히 덮여 있었다.

오늘날 우리 현대인들에게는 다소 역겹게 들릴 수 있겠지만 고대 이스라엘 사람들에게는 이보다 신성한 것은 없었다. 그들의 공동체 전체에서 가장 성별된 사람은 거룩함의 가시적인 표식으로 덮여있었다. 다윗에게는 연합의 거룩성에 대한 비유로 사용할 이미지로 이것보다 더 좋은 것은 없었다. 형제들 사이의 연합은 전적으로 거룩한 것이다.

2. 아름다운 것은 새롭게 한다

우리에게 이상하게 보이는 두 번째 이미지는 시온산에 내리는 헐몬산의 이슬 이미지이다. 헐몬산은 사실 평범한 산이 아니다. 헐몬산은 해발 약 2,804미터에 이르는 거대한 산맥이며 남북으로 약 32킬로미터에 걸쳐 펼쳐져 있다. 반면 시온산은 상대적으로 작다. 시온은 예루살렘이 건설된 언덕 같은 곳이다. 시온산의 고도는 해발 762미터에 불과하다.

이제 그림이 그려지는가?

커다란 '헐몬산'의 이슬이 자그마한 '시온' 위에 쏟아지는 것을 상상해보라!

생명을 주는 양식을 싣고 와 마르고 곤비한 땅 위에 전하여 주는 물줄기를 상상해보라.

헐몬산의 이슬로 젖게 되면 시온산이 얼마나 녹음으로 짙어지고 비옥하고 풍성해지며 새롭게 될지 상상해보라.

또 하나의 멋진 비유이다.

연합은 전적으로 우리를 새롭게 한다!

연합이란, 찌는 듯이 더운 바깥에 있다가 에어컨이 시원하게 틀어져 있는 집 안으로 들어가는 것과 같다. 연합은, 특히 이렇게 조각조각 부서져 있는 이 세상에서는 더욱 상쾌하게 느껴진다.

"험담을 멈추는 교회 세우기에 대한 장에서 왜 수염이니 산이니 하는 것들을 이야기하는 거죠?"

이렇게 물을지도 모르겠다. 그러나 솔직히 말하자면, 우리 교회 지도자들은 이게 얼마나 깊은 관계가 있는 것인지 알아야 한다.

이 성경 본문은 연합의 아름다움을 기막힌 그림 언어로 묘사한다. 그래서 나는 하나님이 바로 그 특질이 자기 백성들 가운데서 드러나는 것을 얼마나 가치 있게 보시는가를 강조하고 싶었다.

여호와께서는 시편 133편 같은 노래를 통해 연합을 격려하신다!

그는 그것을 '복'이라 부르신다.

> 거기서[이슬에 젖은 시온에서] 여호와께서 복을 명령하셨나니 곧 영생이로다(시 133:3).

연합은 '그렇게도' 중요한 것이다.

'가벼운 입은 교제를 망친다'

하나님은 자기 백성들이 연합하는 것을 매우 사랑하시기 때문에, 험담처럼, 연합을 위협하는 것이라면 어떤 것이든 '싫어하신다.'

> 여호와께서 미워하시는 것 곧 그의 마음에 '싫어하시는 것'이 예닐곱 가지이니 곧 교만한 눈과 거짓된 혀와 무죄한 자의 피를 흘리는 손과 악한 계교를 꾀하는 마음과 빨리 악으로 달려가는 발과 거짓을 말하는 망령된 증인과 및 '형제 사이를 이간'하는 자이니라(잠 6:16-19).

하나님은 불화를 싫어하신다.

성경은 하나님이 자신의 교회를 악하게 나누는 자들을 미워하신다고 증언한다. 물론 여호와께서 '무턱대고' 연합을 지지하시는 것은 아니다. 그는 진리를 사랑하시므로 중요한 차이점 때문이라면 다른 이들로부터 분리될 것을 요구하실 수도 있다. 나뉘지는 것이 필요할 때도 있지만, 하나님은 자기 백성들이 '불필요하게' 나뉘는 것을 싫어하신다.

악한 분열은 거룩하지 않으며, 악한 분열은 새롭게 하는 것의 완전한 반대 개념이다. 사람들로부터 생명을 유출시키고 고갈시키며 뽑아내버린다. 하나님은 형제들 사이의 악한 분열을 싫어하시는데, 험담만큼 그러한 분열을 조장하는 것은 없다. 잠언은 말한다.

> 패역한 자는 다툼을 일으키고 말쟁이는 친한 벗을 이간하느니라 (잠 16:28).

가벼운 입은 우정과 교제를 망친다.

기억하라.

험담은 지역 교회의 문을 닫게 할 수도 있다. 아무도 관심 갖지 않던 어떤 것에 대한 은밀한 기도 요청으로 시작된 일이 교회 회중 전체를 초토화시키는 큰 분쟁으로 번질 수 있다.

3. 우리의 할 일: 험담에도 견딜 수 있는 교회 만들기

앞에서도 언급했듯이 바울은 고린도교회에서 분열이 생길 것을 걱정했다. 그는 말했다.

> 내가 갈 때에 너희를 내가 원하는 것과 같이 보지 못하고 또 내가

> 너희에게 너희가 원하지 않는 것과 같이 보일까 두려워하며 또 다툼과 시기와 분냄과 당 짓는 것과 비방과 수군거림과 거만함과 혼란이 있을까 두려워하고(고후 12:20).

바울은 지역교회에서 험담 문제를 처리하는 것은 '교회 지도자의 일'이라는 것을 알았다. 목사, 장로 및 기타 다른 종류의 교회 지도자로서, 주께서 연합을 가치 있게 여기시듯 우리도 그렇게 해야 하며, 우리가 섬기는 지역 교회에서 험담에 저항하는 문화를 배양하기 위해 우리의 힘으로 할 수 있는 모든 일을 해야 한다.

당신이 섬기는 교회에서 험담이 어느 정도의 문제가 되고 있는가?

랜스자유교회에서 목회해오는 동안 우리는 높은 수준의 연합을 만끽해 왔다. 앞 장에서 내가 나누었던 고통스러웠던 경험들과는 별개로, 랜스자유교회는 바울이 경험했던 고린도전서의 교회와는 완전히 달랐다. 우리는 연합이 주는 거룩하고도 새롭게 하는 복을 누렸다. 할 수 있는 한, 계속 그것을 지켜가고 싶다.

당신이 경험한 것도 나의 경험과 비슷했으리라 소망해보지만, 많은 교회들이 심각한 험담으로 몸살을 앓고 있다.

하나님의 양떼를 맡은 지도자로서 우리가 무엇을 할 수 있을까?

지역 교회를 험담에 견딜 수 있는 교회로 만들 수 있는 전략을 세워갈 때 명심해야 할 성경적 원칙 열 가지를 소개하고자 한다.

1) 열심히 기도하라

이런 종류의 목록을 만들 때면 늘 첫 번째로 기도를 넣곤 하지만, 지금 이것은 나의 진심이다. 우리보다 하나님이 교회에 대해 더욱 관심을 갖고 계신다. 그는 교회를 자신의 피로 사셨다!

교회는 하나님의 것이지 우리의 것이 아니므로 교회의 필요들을 하나님께 아뢰어야 한다.

예수님도 우리의 하나 됨을 위해 기도하셨는데, 우리가 어찌 예수님처럼 하지 않고 넘어갈 수 있겠는가(요 17:23을 보라).

험담에 대항하는 기도를 하라.

당신이 인도해가는 양떼가 경건치 못한 말의 유혹을 이겨내고, 세우는 말을 추구하도록 기도하라.

다음에 나올 아홉 가지 원칙들 모두가 당신이 섬기는 교회에서 실현될 수 있도록 기도하라. 바울은 말한다.

> 모든 기도와 간구를 하되 항상 성령 안에서 기도하고 이를 위하여 깨어 구하기를 항상 힘쓰며 여러 성도를 위하여 구하라
> (엡 6:18).

바울이 "모든"과 "항상"이라고 한 것은 말 그대로 "모든"과 "항상"이라는 뜻이다. 우리는 우리와 갈등을 빚고 있는 사람들을 위해서는 기도하지 않으려는 경향이 있다. 차라리 다른 이들에게 그들에 대한 불평을 늘어놓기를 원한다. 그러나 하나님은 우리의 불평들을 하나님께 털어놓기를 원하신다.

성도들도 험담에 대항하는 기도를 드릴 수 있도록 그들을 이끌라.

시편 141편을 공기도의 모범으로 삼으라.

여호와여 [우리] 입에 파수꾼을 세우시고 [우리] 입술의 문을 지키소서 [우리] 마음이 악한 일에 기울어 죄악을 행하는 자들과 함께 악을 행하지 말게 하시며 [우리가] 그들의 진수성찬을 먹지 말게 하소서(시 141:3-4).

성령께서는 그런 기도에 기쁘게 응답하신다!

2) 경건의 모본을 보이라

지도자들은 온도 측정계가 아닌 온도 조절계가 되어야 한다.

우리는 우리가 섬기는 회중의 영적인 온도를 그저 측정하기만 하는 사람들이 아니다. 우리는 모범을 보임으로써 그 온도를 조절해야 한다. 우리가 섬기는 성도들은 언제나 우리의 말을 들을 것이고 우리가 하는 식으로 말하는 것을 배울 것인데, 이 일은 가만히 생각해보면 섬뜩한 일이다. 우리가 험담을 하면 그들도 할 것이기 때문이다. 우리가 우리의 혀를 조심해서 놀리고 스스로를 통제할 줄 안다면, 그들에게는 따를 만한 좋은 모범이 있는 셈이다.

목회 서신에 의하면 입에 대해 기본적인 통제력을 갖는 것은 교회 지도자들에게 요구되는 자질 중의 하나이다.

예를 들어, 장로는 절제할 줄 알아야 한다(딤전 3:2, 딛 1:8을 보라). 집사는 일구이언을 하지 않아야 한다(딤전 3:8을 보라). NIV 성경에서 'sincere'(개역개정에서는 '일구이언을 하지 아니함'으로 번역됨—역주)로 번역된 그리스어 단어는 사실 '딜로구스(dilogous)하지 않음'인데 바울이 이 편지를 쓰면서 고안해낸 단어로 보인다. 이 단어는 문자적으로 "두 번 말하지 않음"을 뜻하는데 "두 얼굴이 아님" 또는 "같은 말을 반복해 말하지 않음" 다시 말해, 수군수군하지 않는다는 것을 뜻한다.[1]

여성 지도자들 역시 험담을 조심할 것을 가르친다. 바울은 "여자들도 이와 같이 정숙하고 모함하지 아니하며 절제하며 모든 일에 충성된 자'라야 할지니라"(딤전 3:11)라고 하며, "늙은 여자로는 이와 같이 행실이 거룩하며 모함하지 말며 많은 술의 종이 되지 아니하며 선한 것을 가르치는 자들이 되고"(딛 2:3)라고 쓰고 있다.

지도자들에 대한 이러한 자격 요건들을 심각하게 받아들이기 바란다. 아직 그렇게 하고 있지 않다면, 후보자의 성품에 대해 평가할 때 그 사람의 언어 습관도 함께 평가함을 통해 지도자를 선별하는 과정을 개선해나가도록 하라.

이 장을 쓰는 동안 어떤 담임 목회자의 전화를 받았는데, 그 교회의 외부 봉사활동 전담 목사의 아내가 당회가 자신의 남편을 잘 대해주지 않아 마음이 상해있다고 했다. 최근의 의사 결정 과정에서 보인 교회 지도자들의 언행의 몇몇 측면들을 이 여자분이 오해했다는 것이 명백했다.

이 목사의 아내는 마음이 상한 상태였다.

그녀는 자기 남편이 제대로 대접받지 못하고 있는 것처럼 느꼈다. 슬프게도 그녀는 그 문제들을 교회 지도자들에게 직접 고하는 대신 소그룹이나 좀 더 큰 규모의 모임에서 자신의 친구들에게 그 문제에 대해 불평하기 시작했다. 나는 그 담임목회자에게 교회 지도자들과 함께 이 문제를 그 여자분 및 그녀의 남편과 '지체 없이' 직접 다룰 것을 요청했다.

경건의 모본을 보이는 것은 우리 자신을 자세히 바라보는 일에서 시작

---

[1] William D. Mounce, Pastoral Epistles, *Word Biblical Commentary* (Nashville: Thomas Nelson, 2000), 199.

한다.

나는 이 책을 쓰는 동안 험담의 영역에 있어 내 자신의 연약한 부분들을 고통스럽게 직면하게 되었다. 나는 다른 이들에게 찾아가 사과하고 보상했다. 그리고 내 자신을 위한 새로운 기준을 세웠다.

당신이 보살피는 양떼를 위해 당신은 어떤 모본을 세우고 있는가?

3) 험담의 죄에 대하여 가르치라

내가 이 책을 쓴 가장 큰 이유는 험담에 저항하는 것에 대해 지역 교회를 가르칠 만한 교육 자료가 거의 없었기 때문이다.

오늘날의 문화는 험담을 조장하고 있다. 그러나 교회는 그것에 대해 무지해왔다. 우리는 우리 성도들에게 어떻게 험담을 인식하고, 험담에 반응하고 저항할 것인지에 대해 더욱 잘 가르쳐야 한다.

이 주제에 대한 연속 설교라든지 특강을 계획해보라.

소그룹과 함께 이 책이나 마이클 세들러(Michael Sedler)가 쓴 『뒷담화를 멈추라』(Stop the Runaway Conversation)를 읽으라.

당신이 섬기는 성도들이 무엇이 옳고 그른지를 잘 안다고 가정하지 말라. 가르치라.

또한 그들을 훈련시키라.

험담이 일어나는 현장에서 어떤 말을 해야 하는지를 예, 모본, 이야기들을 사용하여 가르치라. 랜스자유교회에서 목회를 시작한지 얼마 되지 않았을 때, 탁월했던 성도 두 사람이 서로에 대해 갈등을 빚었고 결국은 교회 지도자들과 갈등을 일으켜 교회를 떠나고 말았다. 교회 전체 모임에서 나는 이 상황을 설명했고 성도들에게 이 일에 대해 어떻게 반응해야 할지

가르쳤다. 나는 네 가지 요점을 적은 인쇄물을 나눠주었다:

- 그들을 계속 사랑하십시오.
- 그들과 대면할 수 있을 정도로 그들을 사랑하십시오.
- 험담에 참여하지 마십시오.
- 다른 무엇보다도, 기도하십시오.

나는 각 요점에 대해 상세하게 설명했고, 교회를 떠나는 그들을 대할 때에 어떤 말을 사용해야 할지에 대해 구체적으로 가르쳤다. 요점 3번과 관련하여, 나는 이렇게 말했다.

> [아무개]와 [아무개] 사이에서 벌어지는 일들에 대해 많은 이야기들이 돌고 있는 것 잘 알고 있습니다. 소문에 귀를 기울이고 이야기들을 퍼뜨리고자 하는 유혹과 싸우십시오. 잠언 26:20은 말씀합니다. '나무가 다하면 불이 꺼지고 말쟁이가 없어지면 다툼이 쉬느니라.' 교회로서 우리는 이 불에 어떠한 나무도 더 집어넣지 않도록 애써야 합니다.

전반적으로 보아, 우리는 해냈다!

목회 초기에 이 주제에 대해 가르쳤던 것을 기쁘게 생각한다. 또한 나는 이 주제를 정기적으로 다룬다. 내가 행했던 아홉 편의 연속 설교가 결국 이 책이 되었다. 내가 이후에 받았던 의견들을 보면, 우리 교회는 험담에 대해 충분히 저항할 수 있는 교회임이 분명해 보이는데, 이는 내가 성경이 말하는 바를 가르쳤기 때문이다.

4) 사랑의 수다를 격려하라

험담의 죄에 대해 가르치긴 하지만, 올바른 종류의 잡담을 하도록 격려하는 것도 필요하다. 모든 잡담이 다 죄악된 것은 아니라는 것을 기억하라. 사실 잡담은 선을 위한 강력한 힘이 될 수도 있다. 데이빗 폴리슨(David Powlison)은 이렇게 말한다.

> 잡담이라는 것은 내가 상대방에게 "나는 당신에 대해 알고 싶지 않고, 당신이 나에 대해 아는 것도 원치 않습니다. 그러므로 나는 우리의 대화를 가볍게 유지하고, 최대한 빨리 끝나도록 할 겁니다. 안녕히 가세요."라고 말하거나 "나는 당신에게 관심이 있습니다. 당신을 더 알고 싶습니다."라고 말하는 것 중 하나이다. 풋볼 팀이나 날씨에 대해 이야기하는 것은 연결점을 만들고자 하는 두 사람의 마음이 표현되는 것이다. 그러나 또한 이는 우리가 서로를 사랑하고 서로에 대해 알아가고자 하기 때문이기도 하다. 잡담은 그 속에 담긴 깊은 의도에 기반하여 하나님이 판단하실 것이다.[2]

지혜로운 말이다. 예배석 뒤편에 앉아 나누는 사랑의 대화들은 일반적으로 회중들의 삶에 있어 매우 중요하다. 우리 영어 단어 "gossip"은 고(古) 영어 단어인 "godsibb"에서 왔는데, 이 단어는 대부(godfather)나 대모(godmother)

---

[2] C. J. 마하니(C.J. Mahaney), 데이빗 폴리슨(David Powlison) 공저, "Is Small Talk Worthless?" 마하니의 블로그 *View from the Cheap Seats*에 2011년 1월 19일에 실린 글. 링크: http://www.sovereigngrace.com/blogs/cj-mahaney/post/Is-Small-Talk-Worthless.aspx. (최종 접속일: 2011년 9월 3일)

처럼 하나님과 관련된 관계를 뜻했다. 그러다가 가까운 가족이나 친구들이 나누는 개인적인 대화들을 의미하게 되었다.³ 이 단어의 어두운 면에는 저항해야 할지라도 그 단어의 원래 의미는 붙잡아야 한다.⁴ 작가 캐슬린 노리스(Kathleen Norris)는 이를 "거룩한 수군거림"(holy gossip)이라 부른다.

> 나는 우리 장로교 예배에서, 기도 전에 우리의 기쁨과 걱정들을 나누는 그 시간을 사랑한다. 어떤 분의 손주들이 스포캔(Spokane: 미국 워싱턴주 동부의 도시명—역주)에서 와서 방문 중이라는 얘기, 어떤 분의 증손주가 태어났다는 소식을 듣는다. 누군가는 실직했고, 또 어떤 이는 곧 수술을 받는다. 교회가 끝나고 나면 그러한 수군거림은 본격적으로 바빠지고 이리 저리 전화 통화가 시작된다. 친구들 이웃들 친척들과 연락을 취하며 묻는다. 그분이 사람들 방문하는 걸 좋아할까요? 아니면 너무 피곤하시려나? 오늘 들러야 할까? 이것이 바로 수군거림의 선용이다.⁵

"거룩한 수군거림"이라는 용어는 마음에 들지 않을 수 있겠지만, 사랑의 잡담은 용납될 수 있는 것일 뿐 아니라 우리의 교회가 든든히 서가기 위해

---

3 *The Oxford English Dictionary*, 3ʳᵈ ed., s.v. "gossip." 링크: http://www.oed.com/viewdictionaryentry/Entry/80197. (최종 접속일: 2011년 2월 1일)

4 이와 관련된 더 자세한 내용을 알고 싶으면 나의 블로그 *Hot Orthodoxy*에 2013년 4월 16일에 올린 나의 글 "Is It Ok to Use the Word 'Gossip' to Describe Something Good?'을 참조하라. 링크: http://www.matt-mitchell.blogspot.com/2013/04/is-it-ok-to-use-word-gossip-to-describe.html.

5 캐슬린 노리스(Kathleen Norris)가 마크 갈리(Mark Galli) 및 데이빗 고에츠(David Goetz)와 인터뷰한 내용. "Amazing Grace-Filled Gossip: An Interview with Author Kathleen Norris" *Leadership Journal* 20, no. 1 (Winter 1999): 56-61. 링크: http://www.christianitytoday.com/le/1999/winter/9l1056.html. (최종 접속일: 2011년 7월 26일)

꼭 필요한 것임을 당신이 섬기는 성도들에게 말해주기 바란다. 부주의한 잡담과 사랑의 잡담의 차이점은, 지금껏 살펴보았듯이, 우리 마음의 상태에 놓여 있다. 우리가 하는 잡담의 의도와 목적이 무엇인가?

나태함인가 아니면 사랑인가?

당신의 교회에는 서두르지 않고 여유 있게 교제할 만한 시간이 있는가?

없다면 지금부터라도 만들라.

5) 서로를, 물지 말고, 용납하라

놀랍게도, 교회는 죄인들로 이루어져 있다!

구속받고 성화되는 중에 있는 죄인들이지만 여전히 죄인들이다. 게다가 모든 죄인들은 각각 다르다. 우리는 타락한 존재일 뿐 아니라, 태생적인 차이점들로 가득한 존재들이다. 그러므로 교회 생활에는 관용이 요구된다. 우리에게 주시는 성경의 가르침은 "'서로 용납하여' 피차 용서하되 주께서 [우리를] 용서하신 것 같이 [우리도] 그리하라"(골 3:13)는 것이다. 이 가르침과 반대로 행할 때 교회에는 재앙이 닥친다.

바울은 이렇게 쓴다.

> 형제들아 너희가 자유를 위하여 부르심을 입었으나 [복음은 우리를 자유케 한다!] 그러나 그 자유로 육체의 기회를 삼지 말고 오직 사랑으로 서로 종노릇 하라 [서로 용납하라] 온 율법은 네 이웃 사랑하기를 네 자신 같이 하라 하신 한 말씀에서 이루어졌나니 만일 서로 '물고' 먹으면 피차 멸망할까 조심하라(갈 5:13-15).

우리는 서로를 물지 않고 서로 용납하도록 미리 마음을 같이해 두어야 한다. 교회 회원 서약서에 "험담하지 않겠음"이라는 항목을 넣는 교회들도 있다. 험담이란 무엇이고, 또 어떤 것은 험담이 아닌지 제대로 가르쳐지기만 한다면, 그것은 좋은 방법이다.

예를 들어 시카고 지역에 있는 하베스트 바이블 채플(Harvest Bible Chapel)은 새 교인들 모두에게 다음과 같은 서약을 하게 한다.

> 회중의 하나 됨을 유지하기 위해 이 그리스도의 몸에 속한 어떠한 회원이라도 비판하지 않고 그에 대한 비판도 듣지 않을 것입니다. 개인적으로 마음이 상한 경우에는 그 일에 연루된 이들에게만 사랑의 마음을 담아 직접적으로 이야기하겠습니다.[6]

물론, 이 일을 실천하는 것이 열쇠이다. "샬롯"(Charlotte)은 최근 "반스"(Barnes) 가족의 집에서 열린 풀장 파티에 참석했다. 그 파티에서 "매들린"(Madeline)은 교회에서 일어나는 몇몇 일들에 대한 자신의 불쾌한 마음을 표현했는데, 결혼 생활에서 어려움을 겪는 한 부부를 교회 장로들이 매우 무시했고, 한 부목사가 이 부부를 갑자기 불러놓고는 그들의 회원 자격이나 출석 현황에만 관심을 쏟더라는 이야기를 포함해, 주일학교가 잘 운영되고 있지 않은데도 아무도 신경 쓰지 않고 있다는 이야기까지 쏟아냈다.

휴, 그 파티가 정말 재미있었을까?

---

[6] 하베스트 바이블 채플(Harvest Bible Chapel)의 교회 회원 서약서는 교회 웹사이트에서 읽어볼 수 있다. 링크: http://www.harvestbiblechapel.org/content.aspx?site_id=10780&content_id=300235. (최종 접속일: 2013년 5월 21일)

샬롯은 부목사중 한 명에게 전화하여 어떻게 해야 할지 물었다. 브레이든(Brayden) 목사는 문제를 겪는 그 부부를 장로들이 무시하지 않았으며 여러 번에 걸쳐 그들을 돕기 위해 애썼다는 점을 설명했다. 그는 주일학교 사역 역시 교회에서 신경을 쓰고 있다고 말해주었다. 브레이든 목사는 샬롯에게 매들린에게 가보라고 격려했다. 샬롯은 정말로 매들린에게 갔다. 그녀는 그 다음주에 매들린에게 이메일을 보냈다.

매들린, 반스 가족의 풀장 파티에서 들었던 이야기들에 대해 생각해보았어. 우리 교회에 필요한 것이 무엇인지 더 잘 알 수 있도록 브레이든 목사님이나 담임 목사님을 만나 함께 조언을 좀 구해보지 않을래?

사랑을 전하며, 샬롯.[7]

아멘. '바로 이것이' 서로에 대한 성경적인 헌신을 실천하는 방법이다.

6) 명예에 대해 특히 조심하라

교회 안에서 비판을 피할 수는 없다. 항상 다른 이들과 의견을 같이 할 수는 없기 때문이다. 그러나 우리는 비판할 때에 서로에 대해 조심할 것을 미리 결정할 수는 있다. 이것은 교회 지도자들의 경우에 더욱 그러하다.

목회를 어떻게 해야 하는가에 대해 디모데에게 준 바울의 가르침을 보면, 바울은 지도자들이 존경받아야 한다고 가르친다.

---

[7] 필자가 받은 익명의 이메일 (2011년 8월 19일)

> 잘 다스리는 장로들은 배나 존경할 자로 알되 말씀과 가르침에 수고하는 이들에게는 더욱 그리할 것이니라 성경에 일렀으되 곡식을 밟아 떠는 소의 입에 망을 씌우지 말라 하였고 또 일꾼이 그 삯을 받는 것은 마땅하다 하였느니라(딤전 5:17-18).

황소 목사라 불리는 것이 좋은지 잘은 모르겠지만, 하나님께서는 나를 존경하고 내 가족을 아껴주는 교회를 통해 내게 복을 주셨다.

바울이 말하는 "배나 존경함"은 우리가 다른 사람들의 명예와 관련하여 주의를 기울여야 한다는 것을 가르쳐준다.

> 장로에 대한 고발은 두세 증인이 없으면 받지 말 것이요 범죄한 자들을 모든 사람 앞에서 꾸짖어 나머지 사람들로 두려워하게 하라 하나님과 그리스도 예수와 택하심을 받은 천사들 앞에서 내가 엄히 명하노니 너는 편견이 없이 이것들을 지켜 아무 일도 불공평하게 하지 말며(딤전 5:19-21).

분명히, 교회 지도자들은 책임을 져야 한다. 교회 지도자들은 비난이나 고소 위에 거하는 사람들이 아니다. 오히려 반대로, 우리는 회중들보다 더 높은 기준에 의해 판단 받아야 한다. 우리가 완고한 죄, 우리의 자격을 박탈할 만한 죄나 이단에 빠졌을 때 우리는 모든 사람 앞에서 꾸짖음을 받아야 한다. 우리는 편견이 없이 꾸짖음을 받아야 한다. 나도 우리 성도들에게 말한다.

> 저를 좋아한다고 해서 저를 꾸짖지 않으면 안 됩니다. 하나님을

사랑하고 저를 사랑하신다면, 필요한 경우 저를 꾸짖어 주세요.

고발을 위한 증거를 제출하는 기준 역시 더 높다. "두세 증인"이 있다면 단순한 험담이 아닌 것이다. 회중은, 공적인 자리로 문제를 가지고 나오지는 않고 교회 지도자의 등 뒤에서 나쁜 이야기를 퍼뜨리려 하는 누군가(특별히, 익명의 누군가)의 말을 듣지 말아야 한다.

교회의 모든 구성원들을 동일하게 보호해줘야 하지만, 목회자의 생계와 가족은 그 목회자의 명예에 달려있는 경우가 많으므로, 우리는 그들을 특별히 보호해야 한다. 험담은 교회 지도자들을 완전히 파괴할 수 있다. 목회자인 내 친구 한 명은 불만을 품은 몇몇 사람들이 중상을 시작하여, 지금은 목회지에서 간신히 버티고 있는 실정이다.

당신은 교회에는 고발을 처리할 성경적인 절차가 세워져 있는가?

7) 외부인들에게 말을 조심하라

교회 안에서 사람들의 명예에 대해 조심해야 한다면, 교회 밖의 사람들에게 우리 교회 성도들에 대하여 말할 때에는 얼마나 더 조심해야겠는가?

사무엘하 1장에서 사울왕의 죽음에 대해 들었을 때 다윗이 보인 반응을 묵상하며 D. A. 카슨(D. A. Carson)은 이렇게 오늘날의 상황에 적용한다.

지도자들이 넘어지면, 지도자들의 반대파에 힘을 실어주지 않도록 행동하라.

복음 사역자의 공금 횡령이나 스캔들 문제가 불거지면, 징계에 대한 성경적 원칙이 즉각적으로 실행되어야 마땅하다. 법을 어겼다면, 해당 당국에 연락해야 한다. 상처 입은 가정들이 있다면, 그들을 위해 해야 할 목회적 과제가 엄청날 것이다. 그러나 많은 불신자들이 기쁨으로 그들의 손을 비비며 "봤지? 뭘 기대해? 이 모든 종교적인 것들은 위선적인 가짜일 뿐이야."라고 말한다는 것을 알아야 한다. 그리스도는 이렇게 멸시받고 기독교 전도자들의 신용은 사라진다. 그리스도인들은 그들의 혀를 제어하고 자신들이 하는 말을 감시해야 한다. 무엇보다 불신자들에게 불필요한 말을 하지 않도록 조심해야 한다. 지금은 슬퍼해야 할 때이지, 험담하는 때가 아니다. "이 일을 가드에도 알리지 말며…"[8]

카슨 박사의 말이 옳다.

불신자들에게는 그들의 불신을 위한 명분이 이미 충분하다. 우리는 안에서도 조심해야 하지만, 외부인들에게 대해서도 우리의 입을 조심해야 한다는 것을 성도들에게 가르쳐야 한다.

동시에, 지도자로서, 우리는 또한 우리가 우리 성도들에 대해 어떻게 말하는지에 대해서도 주의를 기울여야 한다. 목회자들은 불신자들에게 불평하는 것 뿐 아니라 다른 목자들에게 자신이 보살피는 양떼에 대해 불평하는 것에도 쉽게 빠질 수 있다. 목사들 사이의 대화가 얼마나 많이 불만 토론회나 험담으로 빠져들고 마는지 모른다.

우리가 외부인들에게 우리 내부의 문제들에 대해 이야기할 때 우리 마

8　D. A. 카슨(D. A. Carson)이 블로그 *For the Love of God*에 2010년 9월 7일에 "2 Samuel 1; 1 Corinthians 12; Ezekiel 10; Psalm 49"라는 제목으로 올린 글. 링크: http://www.thegospelcoalition.org/blogs/loveofgod/2010/09/07/2-samuel-1-1-corinthians-12-ezekiel-10-psalm-49/. (최종 접속일: 2011년 9월 3일)

음의 동기가 무엇인가?

8) 건의사항을 표현할 수 있는 통로를 마련하라

여섯 번째 및 일곱 번째 요점에서 고려해야 할 또 다른 부분은, 지도자들이 건의사항이 있는 이들을 위해서는 열린 의사소통의 통로를 교회 안에 만들고 유지해야 한다는 것이다. 교회 안에서 험담이 발생하는 것이 교회 지도자의 잘못 때문인 경우가 종종 있다. 험담을 하는 이들은 험담을 하지 말아야하지만, 험담은 위압적인 체제와 전제적인 침묵의 분위기 하에서 더욱 번져만 간다.

당신이 다른 사람들로부터 건설적인 의견을 구했던 것이 마지막으로 언제였는가?

바울은 디모데에게 말했다.

> 주의 종은 마땅히 다투지 아니하고 모든 사람에 대하여 온유하며 가르치기를 잘하며 참으며(딤후 2:24).

좋은 교회 지도자라면 그가 받는 모든 비판에 대해 동의해야 한다거나 정통적인 노선을 버릴 수도 있다는 의미가 아니다. 좋은 교회 지도자는 비판을 환영할 정도로 자신을 겸손히 낮춘다는 뜻이다.

가까이하기 쉬운 사람이 되는 것은 말처럼 쉬운 일이 아니다. 나도 경청하는 부분에 있어서는 성공보다는 실패의 경험이 많지만, 나는 종종 잠언 27:6을 우리 교회 성도들에게 인용한다.

> 친구의 아픈 책망은 충직으로 말미암는 것이나 원수의 잦은 입맞
> 춤은 거짓에서 난 것이니라(잠 27:6).

친구여, 필요하다면, 나를 아프게 책망하라.
그게 사랑이다.

9) 구체적으로 지명하라

사도 요한은 그가 사랑하던 교회와 문제가 있었다. 교회에서 으뜸 되기를 좋아하던 자 디오드레베가 교회를 탈취하려 하고 있었기 때문이다.

> 내가 두어 자를 교회에 썼으나 그들 중에 으뜸 되기를 좋아하는 디오드레베가 우리를 맞아들이지 아니하니 그러므로 내가 가면 그 행한 일을 잊지 아니하리라 그가 악한 말로 우리를 비방하고도 오히려 부족하여 형제들을 맞아들이지도 아니하고 맞아들이고자 하는 자를 금하여 교회에서 내쫓는도다(요삼 9-10).

거드름을 피우던 디오드레베는 교회를 차지하려들었고, 선교사들이 방문하는 것조차 허락하지 않았다. 더 나쁜 것은, 그가 요한에 대해 악의적인 험담을 했다는 것이었다. 경건하기만 하면 험담의 피해를 당하지 않을 거라고 생각한다면, 그런 생각은 버리는 것이 좋다. 당신이 사도 요한처럼 되어도 사람들은 여전히 당신에 대해 험담할 것이다.

그래서 요한은 디오드레베를 구체적으로 지명한다. 그는 그 이름을 언급했고 그의 죄명을 말했다. 그는 "그 행한 일을 잊지 아니하리라"고 말

했다. 요한은, 비록 디오드레베에 대한 안 좋은 이야기를 하고 있긴 하지만, 그에 대해 험담을 하는 것이 아니다. 그는 디오드레베에게 책임을 묻고 있었던 것이다. 디오드레베가 회개하기를 거부했다면 요한은 분명히 그를 징계했을 것이다.

잠언은 말한다.

> 나무가 다하면 불이 꺼지고 말쟁이(gossip)가 없어지면 다툼이 쉬느니라(잠 26:20).

이 구절에 나온 "gossip"이라는 단어는 어떤 말의 종류가 아닌, 실제 사람을 뜻한다. "gossiper"가 없어지면 다툼이 쉬느니라"고 하면 더 좋은 번역이 될 것이다(개역개정에서는 이미 이런 식으로 번역이 되어 있음-역주).

킹제임스역은 "talebearer"(고자쟁이. 개역한글 및 개역개정은 "두루 다니며 한담하는 자," 공동번역은 "돌아가며 입방아 찧는 사람," 새번역은 "험담하며 돌아다니는 사람"으로 번역함-역주)가 없어지면 다툼이 쉬느니라"고 번역했다.

교회 성도들이 악의적인 험담을 하는 것을 볼 때 우리는 각 사람을 지명하고, 마지막 수단으로, 권징도 시행할 준비가 되어 있어야 한다. 많은 경우 불화를 일으키는 사람을 회중으로부터 방출해야 연합을 보존할 수 있다. (하나님이 분열을 얼마나 싫어하시는지 기억하라!) 누군가에게 떠나라고 요구하는 것은 우리의 직관에 반(反)하는 일일 수 있지만, 연합이라는 것은 종종 제 기능을 하지 못하는 몸의 한 부분을 잘라냄을 통해 유지된다.

험담에 대한 권징이 부실하게 이루어질 수도 있다는 것을 인식하는 것이 중요하다. 내 친구중 하나가 다니는 교회는 험담을 했다는 이유로 교인 한 명을 출교시켰다. 문제는, 그 심의 과정 자체가 그 사람의 혐의만큼이나 엉망이었다는 것이었다. 제대로 할 자신이 없다면 당신의 성도를 권징하지 말라. 그럼에도 불구하고 경건한 삶을 위해 각자가 책임을 지도록 하는 것이 사랑이다.

작가 크리스 브루스(Christ Bruce)는 요한삼서와 관련하여 다음과 같은 내용을 이 원칙에 더한다.

> 요한이 말하지 않는 것을 주목하라. 그는 그 험담의 내용이 무엇이었는지 말하지 않는다. 이 점이 중요한 것은, 요한이 그 문제를 공식적으로 제기할 때에조차 우리는 디오드레베가 요한에 대하여 제기한 고발의 내용이 실제로 무엇이었는지에 대해 들을 수 없기 때문이다. 이를 통해 우리는 험담하는 사람에 대해 그 험담 자체를 더 확대시키지 않으면서 그 사람에 대해 행동을 취하는 좋은 예를 배우게 된다.[9]

당신이 할 수 있는 한, 험담에 귀를 기울이지 말라. 다른 사람의 뒷전에서 악한 이야기를 퍼뜨렸다는 이유로 어떤 사람을 지명할 때에라도, 그 험담 자체는 듣지 말라.

10) 복음을 기억하라

우리 교회의 비공식 표어는 "중요한 것은 중요한 것을 중요한 것 되게 하

---

[9] 크리스 브루스(Chris Bruce)가 2006년 8월에 9*Marks: Building Healthy Churches* 사이트에 "What to Do About 'He Said, She Said' in the Church"라는 제목으로 올린 글. 링크: http://www.alliancenet.org/CC/article/0,,PTID314526_CHID598014_CIID2238742,00.html. (최종 접속일: 2011년 9월 3일).

는 것이고, 그 중요한 것은 예수 그리스도의 복음이다"이다. 교회 지도자들에게는 복음이 지역 교회의 삶에 있어 중심적인 위치에 놓이도록 해야 하는 책임이 있다.

이 책 내내 우리는 복음이 어떻게 험담을 이기는지 보았다. 복음은 각 개인으로 살아가는 우리를 무장하여 험담의 유혹에 저항할 수 있게 하고 대신에 사랑할 수 있는 능력을 준다. 복음은 또한 우리가 실패했을 때 우리를 은혜로 덮어준다. 전체적으로, 복음은 우리를 하나로 묶어준다. 하나님은 자신의 교회에게 이렇게 말씀하신다.

> 모든 겸손과 온유로 하고 오래 참음으로 사랑 가운데서 서로 용납하고 평안의 매는 줄로 성령이 하나 되게 하신 것을 힘써 지키라 몸이 하나요 성령도 한 분이시니 이와 같이 너희가 부르심의 한 소망 안에서 부르심을 받았느니라 주도 한 분이시요 믿음도 하나요 세례도 하나요 하나님도 한 분이시니 곧 만유의 아버지시라 만유 위에 계시고 만유를 통일하시고 만유 가운데 계시도다(엡 4:2-6).

우리는 모두 죄인이고 각자 너무도 다르지만, 예수 그리스도의 기쁜 소식이 우리를 하나되게 하고 우리를 하나되게 붙잡아준다.

그리스도의 십자가와 그의 비어있는 무덤 때문에, 우리는 주 예수를 한 주님으로 모시게 되었다. 그게 전부이다!

우리는 복음 안에서 하나가 되었고, 그것을 지키도록 부르심을 받았다.

4. 가능한 일인가?

크리스 브루스는 교회 지도자들이 자신의 책무를 다할 때 어떤 일이 일어날 것인가에 대해 의미심장한 언어 그림을 그려준다.

> 험담은 교회들에게 있어 심각한 문제이지만, 꼭 그래야 할 필요는 없다. 야고보서에서 말씀하듯, 혀가 큰 불을 낼 수 있다면 교회를 나무로 생각해볼 수 있을 것이다. 한편으로, 우리는 나무에 물주는 일에는 열심을 내지 않고, 부서지기 쉬울 정도로 바싹 말라있는 가지들에게 위험한 불이 나면 그 불을 끄기 위해 호스를 들고 나무 옆에 대기해 서 있을 수 있다. 하지만 훨씬 더 좋은 방법은 그 나무에 복음의 진리와 경건한 언어 생활에 관한 성경의 가르침을 통해 충분한 물을 줘서 수분을 유지시켜주는 것이다. 그런 나무라면, 불꽃에 노출되어도 쉽사리 불이 옮겨붙지는 않을 것이다. 그런 나무는 잘 자라 많은 열매를 맺는다.[10]

위의 글을 읽었을 때, 나는 스모키 곰(Smokey the Bear: 미국에서 산불의 위험을 일깨우기 위해 만든 곰 마스코트–역주)이 손가락으로 우리를 가리키며 "바로 당신만이 산불을 예방할 수 있습니다."라고 말하는 모습을 상상했다는 것을 나의 동지인 교회 지도자들에게 말해주고 싶다.

우리는 교회를 보살펴 부흥하도록 하는 일에 필요한 일을 행할 준비가 되어있는가?

---

10   위의 글

우리의 교회들은 험담이라는 불꽃이 될 때마다 폭발할 수도 있는 폭탄이 될 것인가, 아니면 그러한 불꽃에도 불이 잘 붙지 않는 건강한 교회, 험담 저항력이 강한 교회가 될 것인가?

5. 해볼 만한 가치가 있는 일인가?

하나 됨을 지키는 것은 쉬운 일이 아니다. 혼란의 시대에 교회의 지도자가 된다는 것은 특별히 더 피곤하고 보람 없는 일이다. 그러나 하나님이 형제들의 하나 됨을 사랑하신다는 것을 우리는 알고 있다. 우리는 또한 하나님이 우리 교회들이 마르고, 딱딱하며 생기 없는 상태가 되는 것을 원치 않으신다는 것을 안다. 그는 우리의 교회들이 거룩한 하나 됨으로 졸깃졸깃하고, 생기로 넘치는 푸른 초록색이기를 원하신다. 우리가 하나 되면 교회가 세상을 좇아내는 것이 아니라 이끌어올 수 있다.

주께서 우리에게 말씀하셨다.

> 너희가 서로 사랑하면 이로써 모든 사람이 너희가 내 제자인 줄 알리라(요 13:35).

하나 됨을 추구하는 것은 분명 해볼 만한 가치가 있는 일이다!

6. 그룹 토의를 위한 질문들

1) 시편 133편과 잠언 6:16-19을 읽고 관찰한 바를 나누라.
   형제의 연합에 대하여 하나님은 어떻게 생각하시는가?
   하나님은 형제 사이의 연합을 얼마나 가치 있게 보시는가?

2) 지역 교회에서 험담이 어느 정도의 문제를 야기하고 있는가?
   1(험담에 전혀 영향받지 않음)부터 10(고린도교회 수준으로 흔들림)중 험담 침투도가 어느 정도인가?
   왜 그렇게 생각하는가?

3) 리더십팀이나 교회 가족으로서 험담에 저항하는 기도를 한 것이 마지막으로 언제였나?
   가까운 미래에 어떻게 하면 그러한 기도를 당신의 프로그램 안으로 가지고 올 수 있겠는가?

4) 당신의 팀이 어떤 방법으로 영적 온도 측정계가 아닌 온도 조절계가 될 수 있겠는가?

　당신은 교회 지도자가 되기 위한 자격 요건들, 특히 혀 통제에 관한 부분을 진지하게 받아들이는가?

　선발 요건을 향상시키기 위해 무엇을 할 수 있겠는가?

5) 험담에 관해 무엇을, 언제, 당신이 섬기는 교회 성도들에게 가르쳤는가?

　험담이 일어날 때 당신의 성도들은 그것을 인지할 수 있는가?

　험담에 저항할 수 있도록 훈련받았는가?

　다시 한 번 복습하는 과정을 시행해야 할 때인가?

6) 사랑의 잡담을 어떻게 장려할 것인가?

당신의 교회나 당신의 사역에는 함께 교제할 만한 서두르지 않는 충분한 시간이 있는가?

_____

_____

_____

7) 골로새서 3:12-17과 갈라디아서 5:13-15를 읽고 두 본문을 대조해보라.

당신의 교회는 서로를 용납하고 서로를 "물고 먹지" 않겠다는 서약이 있는가?

그 서약은 공식적인가, 비공식적인가?

비공식적이라면, 어떤 방식으로든 공식화해야할 필요가 있는가?

_____

_____

_____

8) 교회 안과 교회 밖에서, 사람들의 명예를 얼마나 조심스럽게 다루고 있는가?

당신의 교회에는 교회 지도자들에 대한 고발을 신중하게 평가하는 성경적인 절차가 자리잡혀 있는가?(딤전 5:17-21을 보라)

사람들이 건의 사항을 표현할 수 있는 공개된 통로가 있는가?

이 부분을 향상시키기 위해 무엇을 해야 하는가?

9) 요한삼서 9-10을 읽으라. 현재 회중 가운데 디오드레베가 있는가? 악의적인 험담을 해서 지명당해야 하는 사람이 있는가? 그렇다면, 당신의 계획은 무엇인가? 만일 그런 사람이 없다면, 회중의 하나 됨 속에 있는 하나님의 복 주심을 당신의 교회 가족들이 볼 수 있도록 어떻게 격려할 것인가?

10) 당신의 교회는 복음 중심적인가? 당신의 리더십팀이 기쁜 소식의 선함 속으로 어떻게 더 깊이 인도해갈 수 있겠는가?

험담을 멈추는 삶을 위한 추천 도서

나는 사람들에게 좋은 책 추천하는 것을 좋아한다! 다음은 내가 『험담을 멈추라』를 쓰는 동안 읽으며 큰 도움을 받았던 책들을 장별로 정리한 것이다. 이 책들이 내게 준 지혜는 다루기 힘든 혀와의 전쟁에서 어떻게 승리할 수 있을지에 대해 내 사고를 형성하고 날카롭게 해주었다.

나는 내 웹사이트 www.matt-mitchell.blogspot.com 에서 험담의 문제를 다루는 책들을 읽고 비평을 하는데, 그곳을 방문하면 읽을 필요가 없는(추천하고 싶지 않은) 책들 목록도 볼 수 있다.

제1장 정확히 말해 험담이란 무엇인가?

▌마이클 세들러(Michael D. Sedler)
『뒷담화를 멈추라』(*Stop the Runaway Conversation: Take Control Over Gossip and Criticism* 〈Chosen, 2001〉)
이 책은, 당신이 지금 읽고 있는 내 책을 제외하고는, 험담을 주요 주제로 다룬 유일하고도 충분한 분량의 책이며 내가 추천하고픈 책이다. 세들러(Sedler)는 우리가 악한 험담에 굴복함으로 우리 자신이 얼마나 더럽혀질 수 있는지 강조하고 악한 이야기들을 듣지 않는 지혜를 제공해준다.

▌제리 브리지스(Jerry Bridges)
『고상한 죄 대면하기』(*Respectable Sins: Confronting the Sins We Tolerate* 〈NavPress, 2007〉)
우리 자신의 죄는 간과하면서 사회의 악들에 대해서는 손가락질하는 우리 모습을 깨달은 적이 있는가?
저자는 험담이야말로 우리의 내부와 우리 자신들 안에서 우리가 너무도 쉽게 받아들이는 죄임을 강조한다.

제2장 우리는 왜 험담을 할까?

▌ D. A. 카슨(D. A. Carson)
『거기에 계신 하나님』(*The God Who Is There*: *Finding Your Place in God's Story* ⟨Baker, 2010⟩)
우리는 가히 최고의 이야기 안에서 살아가고 있다. 카슨은 성경의 줄거리를 풀어내며 하나님이 진실로 어떠한 분이신지 소개한다.

▌ 조셉 M. 스토웰
『말의 힘』(*The Weight of Your Words*: *Measuring the Impact of What You Say* ⟨Moody, 1998⟩)
스토웰 박사는 독자들에게 말이 실제로 얼마나 강력한지를 보여주고 그 말들이 어디에서 나오는 것인지 되돌아보게 한다. 그는 악담과 중상을 일컬어 "비극적인 사촌지간"이라 묘사하지만, 우리가 이 문제로부터 벗어날 수 있도록 희망으로 가득한 지침을 제시해준다.

▌ 폴 데이빗 트립(Paul David Tripp)
『말의 전쟁』(*War of Words*: *Getting to the Heart of Your Communication Struggles* ⟨P&R, 2001⟩)
트립은 우리의 밖과 안에서 벌어지는 말의 전쟁에 관한 이야기를 전해준다.
우리는 누구의 의제를 따르고 있는가?
하나님의 의제인가, 아니면 사탄의 것인가?
이 전쟁은 예수 그리스도의 복음을 통해서 승리할 수 있다.

제3장 험담꾼 전시관

▌ 데렉 키드너(Derek Kidner)
『잠언』(*Proverbs: An Introduction & Commentary* ⟨서울: CLC, 1994⟩)
잠언이라는 동네에 사는 사람들을 만나보라! 키드너의 주석은 언제나 간결하고, 정확하며, 예리하다.

■ 에드워드 T. 웰치(Edward T. Welch)

『큰 사람 작은 하나님』(When People are Big and God Is Small: Overcoming Peer Pressure, Codependency, and the Fear of Man 〈서울: P&R, 2012〉)

사람을 두려워하면 험담이라는 덫에 빠지게 된다 (잠언 29:25를 보라). 웰치는 하나님에 대한 거룩한 두려움이 사람들에 대한 건강하지 못한 두려움을 어떻게 몰아낼 수 있는지를 설명한다.

■ 존 파이퍼(John Piper)

『장래의 은혜: 믿음으로 살아가는 그리스도인에게 보장된 하나님의 선물』(The Purifying Power of Living by Faith in Future Grace〈서울:좋은씨앗,2013〉)

죄는 그것이 결코 할 수도 없고 해 주지도 않을 것들을 약속한다. 파이퍼는 우리가 더욱 뛰어난 하나님의 약속을 믿을 때에 성화(거룩) 될 수 있음을 보여준다.

제4장 최고를 믿고 기대하기

■ 켄 산데(Ken Sande)

『타인을 판단하는 죄』(Judging Others: The Danger of Playing God 〈Peacemaker Ministries, 2001〉)

■ 조나단 에드워즈

『고린도전서 13장-사랑』(Charity and Its Fruits 〈서울: 청교도신앙사, 2012〉)

고린도전서 13장에 바탕을 둔 켄 산데(Ken Sande)의 유명한 학술 논문이 신자들로 하여금 관대한 판단으로 악한 판단을 이길 수 있도록 돕기 위해 소책자로 출판되었다.

■ 데이브 스웨이블리(Dave Swavely)

『너는 누구관대 이웃을 판단하느냐?』(Who Are You to Judge? The Dangers of Judging and Legalism 〈P&R, 2005〉)

스웨이블리는 판단과 율법주의에 대해 성경적인 정의를 내리며 우리의 문화적 안개를 뚫고 나아간다. 또한 그는 다른 사람들에 대한 우리의 판단을 어떻게 "교차 점검"해야 하는지 가르쳐준다.

제5장 험담의 대안: 말하기

■ 티모시 S. 레인(Timothy S. Lane), 폴 데이빗 트립(Paul David Tripp)
『사람은 어떻게 변화되는가』(How People Change 〈서울: 생명의말씀사, 2009〉)
그리스도인들은 어떻게 바뀌는가?
레인과 트립은 사람의 변화에 관한 성경적 원칙들을 간결하고, 읽기 쉬우며, 기억하기에도 쉬운 방식으로 설명한다. 우리는 과거에 살던 식으로 살 필요가 없다. 그리스도 때문에, 우리는 이제 다르게 살 수 있다.

■ 샘 크랩트리(Sam Crabtree)
『칭찬 연습하기』(Practicing Affirmation: God-Centered Praise of Those Who Are Not God 〈Crossway, 2011〉)
크랩트리는 우리가 왜 사람들을 칭찬해야 하는지 설명할 뿐 아니라 어떻게 하면 하나님을 영화롭게 하는 방식으로 사람들을 칭찬할 수 있는지에 대해서도 쓰고 있다. 이 책은 당신이 손에 쥐고 있는 그 "동전"의 다른 면, 즉 하지 말아야 할 말이 아니라 해야 할 말이 무엇인지 당신에게 보여준다. 이 책의 마지막 장인 "막다른 골목에 이른 것처럼 느끼는 이들을 위해 주는 인정 아이디어 100선"은 이 비싼 책의 백미라 할 수 있다.

제6장 험담의 대안: 듣기

■ 폴 E. 밀러(Paul E. Miller)
『일상 기도』(A Praying Life: Connecting with God in a Distracting World 〈서울: CUP, 2011〉)
험담이 난무하는 상황 속에 처할 때 우리에게는 지혜와 은혜가 필요하다. 밀러는 우리의 일상이라는 옷감 속으로 기도라는 실을 어떻게 짜 넣을 수 있는지 능숙하게 가르쳐준다.

■ 에드워드 T. 웰치(Edward T. Welch)
『우리의 수치를 걷어내시는 하나님』(Shame Interrupted: How God Lifts the Pain of Worthlessness and Rejection 〈New Growth, 2012〉)
험담은 누군가에 대한 수치로 가득한 이야기를 전한다. 웰치(Welch)는 이에 대해, 예수 그리스도를 통하여 우리의 부끄러움을 덮고, 흡수하며, 원상태로 회복시키는 성경 속 하나님의 대항적 이야기를 전해준다.

제7장 믿음으로 반응하기

■ 조니 에릭슨 타다(Jonni Eareckson Tada), 스티븐 에스테스(Steven Estes)
『하나님의 눈물』(*When God Weeps: Why Our Sufferings Matter to the Almighty* 〈Zondervan, 2000〉)

험담의 희생자가 되는 것은 아픈 일이다. 『하나님이 우실 때』는 고통의 문제에 관해 내가 읽어본 책 중 단연 최고였다. 또한 이 책은 고통이 무엇인지 아는 이에 의해 씌여졌다. 타다와 에스테스는 우리가 고통당할 때에 하나님은 주권자이시라는 것을, 그리고 동시에, 그분은 우리의 고통을 깊이 체휼하시는 분임을 보여준다.

■ 켄 산데(Ken Sande)
『화평하게 하는 자』(*The Peacemaker: A Biblical Guide to Resolving Personal Conflict* 〈서울:피스메이커, 2010〉)

켄 산데는 화평을 이루는 단계에 대한 종합적인 개요를 제공하는데, 그에 의하면 이 절차에서 가장 첫 단계는 하나님을 영화롭게 하는 것에 초점을 맞추는 것이다. 우리가 갈등을 맞닥뜨릴 때마다 하나님은 그 안에서 우리가 하나님을 신뢰하고 선한 일을 할 수 있는 기회를 주신다.

제8장 사랑으로 반응하기

■ D. A. 카슨(D. A. Carson)
『어려울 때 사랑하기』(*Love in Hard Places* 〈Crossway, 2002〉)

원수를 사랑하라?!
이 책에서 저자는 자신의 이전 저서인 『하나님의 사랑, 그 쉽지 않은 교리』(*The Difficult Doctrine of the Love of God*)를 확장시키며 우리가 실생활에서 맞닥뜨리는 어려운 경우들에 적용할 수 있는 사랑, 용서, 그리고 복음에 관한 풍성한 지혜를 제공한다.

■ 폴 E. 밀러(Paul E. Miller)
『우리 사이를 거닐던 사랑』(*Love Walked Among Us: Learning to Love Like Jesus* 〈서울: CUP, 2002〉)

『우리 사이를 거닐던 사랑』만큼 예수님이 누구신지, 그가 사람들을 어떻게 사랑하셨는지에 대해 눈을 열어준 책은 없었다. 밀러는 복음서에서 발견하는 그 예수님의 생생한 초상화를 그려낼 뿐 아니라 우리 일상 속 관계들 속에서 우리가 어떻게 믿음으로 그리스도의 신적인 모본을 따를 수 있는지에 대해서 강렬한 그림을 그리고 있다.

▌ 크리스 브라운스(Chris Brauns)
『위대한 용서』(Unpacking Forgiveness: Biblical Answers for Complex Questions and Deep Wounds 〈서울: 미션월드, 2009〉)
험담의 희생 제물이 되고 나면 숱한 질문들을 던지게 된다.
용서란 뭔가?
그냥 내가 참고 지나가야 하는 걸까?
어떻게 하면 쓴뿌리를 없앨 수 있을까?
이 일에 대해 그만 생각하려면 어떻게 해야 하지?
브라운스는 각 질문들을 풀어내면서 우리에게 죄 지은 이들을 용서하는 것에 관해 성경적인 명료함과 현실적인 조언으로 답을 제시해준다.

제9장 험담 뉘우치기

▌ 존 엔서(John Ensor)
『복음의 위대한 능력』(The Great Work of the Gospel: How We Experience God's Grace 〈Crossway, 2006〉)
우리는 우리가 얼마나 죄성으로 물들어있는지 깨닫기 전까지는 하나님의 은혜가 얼마나 큰지 사실 알 수 없다. 존 엔서는 예수 그리스도의 복음의 영광을 깊이 고찰하여, 진실로 용서받을 때 주어지는 엄청난 평강을 느낄 수 있도록 초대한다.

▌ 로버트 D. 존스(Robert D. Jones)
『용서』(Forgiveness: "I Just Can't Forgive Myself!" 〈P&R, 2000〉)
후회가 우리를 압도해버릴 때가 종종 있다. 이 유용한 소책자에서 존스는 "자기 용서"라고 하는 잘못된 개념을 논박하고 그리스도 안에서의 하나님의 용서하심이라는 성경적 대안을 붙잡도록 돕는다.

▌ 마이클 E. 위트머(Michael E. Wittmer)
『최후의 적』(The Last Enemy: Preparing to Win the Fight of Your Life 〈Discovery House, 2012〉)
이 책은 죽음을 준비하는 것을 다룬다. 죽음은 사람들이 좋아하는 주제는 아니지만 우리 모두가 생각해봐야 할 문제이다. 위트머는 예수님이 전해주신 기쁜 소식을 통해 우리 각자를 좇아오는 그 대적에 대비할 수 있도록 돕는다. 시종일관 그는 우리가 후회 없는 삶을 살 수 있게 하는 성경적 원리들을 가르쳐 준다.

※ 교회 지도자들을 위한 조언: 험담에 저항하는 교회 세우기

▮ 알프레드 포이리어(Alfred Poirier)
『화평케 하는 목회자』(*The Peacemaking Pastor: A Biblical Guide to Resolving Church Conflict* 〈Baker, 2006〉)
포이리어 목사는 갈등 해결법만을 가르치는 것이 아니라 우리가 섬기는 교회들이 어떻게 하면 평강의 문화를 추구하도록 이끌 수 있는지를 보여 준다. 그가 든 예화와 개인적인 이야기들은 그가 자신이 설교하는 대로 실천하는 사람임을 보여준다.

▮ 윌리포드 부부(Craig and Carolyn Williford)
『목회팀 내의 갈등 해결』(*How To Treat a Staff Infection: Resolving Problems in Your Church or Ministry Team* 〈Baker, 2007〉)
당신의 교회나 사역 팀이 겪는 숱한 병폐들 중에서, 저자인 윌리포드 부부가 "입술의 연약함"이라 칭하는 병폐가 있는데, 이를 풀어 말하면 "험담이 '기도 부탁'의 형태로 번져나간다"는 것이다. 저자는 이 문제를 푸는 실제적인 제안을 주는데 이는 자기 점검으로부터 시작한다.

▮ D. A. 카슨(D. A. Carson)
『십자가와 목회』(*The Cross and Christian Ministry: Leadership Lessons from 1 Corinthians* 〈Baker, 2004〉)
카슨은 교회 리더십에게 중요한 일은 중요한 일이 중요한 일이 되게끔 하는 것임을 상기시켜 준다. 이 책은 한 번 읽은 후에, 정기적으로 다시 읽어야 하는 책이다.

험담을 멈추라
Resisting Gossip

2017년 3월 31일 초판 발행

| 지은이 | 매튜 C. 미첼 |
| 옮긴이 | 이정훈 |

편　　집	이경옥, 이종만
디 자 인	신봉규, 서민정
펴 낸 곳	사)기독교문서선교회
등　　록	제16-25호(1980. 1. 18)
주　　소	서울시 서초구 방배로 68
전　　화	02) 586-8761~3(본사)　031) 942-8761(영업부)
팩　　스	02) 523-0131(본사)　031) 942-8763(영업부)
홈페이지	www.clcbook.com
이 메 일	clckor@gmail.com
온 라 인	기업은행 073-000308-04-020, 국민은행 043-01-0379-646
	예금주: 사)기독교문서선교회

ISBN　978-89-341-1634-9 (03230)

* 낙장·파본은 교환해 드립니다.

이 도서의 국립중앙도서관 출판시 도서목록(CIP)은 서지정보유통지원시스템 홈페이지(http://seoji.nl.go.kr)와 국가자료공동목록시스템(http://www.nl.go.kr/kolisnet)에서 이용하실 수 있습니다.
(CIP제어번호: CIP2017003807)